POCHE

ESCAPE GAME

INTRIGUES AU PAYS DES SAMOURAÏS

Direction de la publication : Carine Girac-Marinier

Direction éditoriale : Stéphanie Jouzier

Édition : Antoine Caron

Direction artistique : Uli Meindl

Mise en pages : Emma Nicolle

Couverture : Sophie Rivoire

Fabrication : Rebecca Dubois

Loi n°49-956 du 16 juillet 1949 sur les publications destinées à la jeunesse, modifiée par la loi n°2011-525 du 17 mai 2011.

ISBN : 978-2-03-592213-7

POCHE ESCAPE GAME

INTRIGUES AU PAYS DES SAMOURAÏS

Valérie Cluzel

LAROUSSE

INTRODUCTION

Tu es en 1548, au beau milieu de l'époque Sengoku au Japon. *Sengoku* signifie « ère des provinces en guerre ». Le pays est effectivement dans une époque mouvementée où les différents clans de samouraïs s'affrontent continuellement pour obtenir toujours plus de pouvoir.

Tu incarnes le meilleur ami du jeune Takechiyo Matsudaira, qui deviendra un célèbre samouraï connu sous le nom d'Ieyasu Tokugawa. Tu découvriras plus tard pourquoi il a changé de nom.

Vous avez seulement cinq ans au début de ce récit. Vous êtes tous deux issus de nobles familles japonaises et on a commencé à vous éduquer comme de vrais samouraïs. Vous deviendrez probablement de grands guerriers un jour, si vous vous entraînez assez dur et si vous respectez toutes les traditions.

Cet escape-book te propose de revivre cette période charnière dans l'histoire du Japon en revenant sur la vie mouvementée d'Ieyasu Tokugawa, l'un des plus célèbres samouraïs. Tu devras affronter un tas d'épreuves à ses côtés, et faire preuve de stratégie en résolvant des énigmes pour arriver à tes fins.

En pratique, ce livre contient un jeu par page et les solutions sont à la fin, à partir de la page 115. Les jeux peuvent être résolus indépendamment les uns des autres, mais ils ont été pensés pour être faits dans l'ordre afin que tu suives le déroulé de l'histoire.

Si tu te sens prêt à endosser le rôle d'un noble samouraï, tourne vite la page.

BONNE CHANCE !

CHAPITRE 1

L'APPRENTISSAGE

合気道

LE PAYS DU SOLEIL-LEVANT

Ton aventure débute sur la côte est du Japon, dans la province de Mikawa.

Pour mieux te repérer, commence par colorier la carte du Japon grâce au code.

Multiples de 4
Multiples de 5
Multiples de 6
Multiples de 7
Multiples de 9

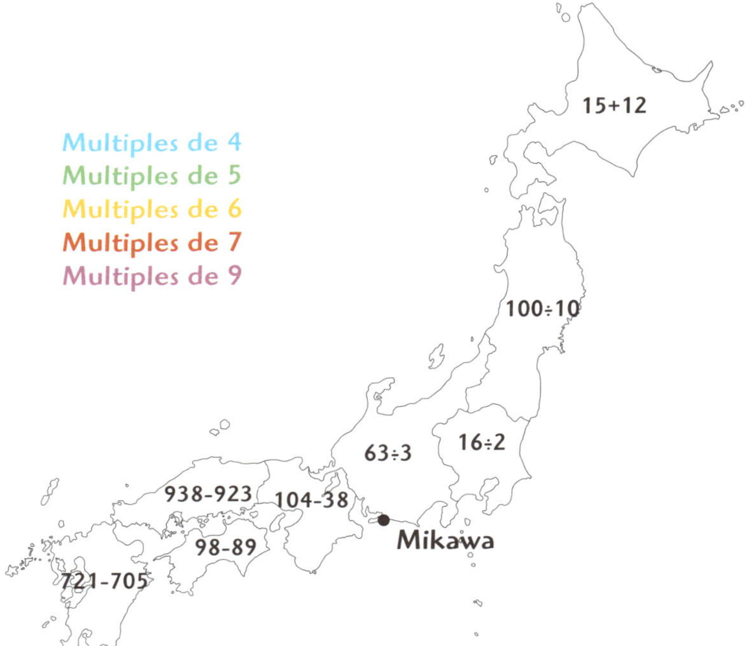

LE JEU DE GO

Tu es voisin avec Takechiyo Matsudaira, un garçon de ton âge. Vous grandissez tous les deux dans des familles nobles et vous jouez souvent ensemble. L'un de vos jeux préférés est le jeu de go, dans lequel chacun ajoute une pierre à tour de rôle.

Compte le nombre de pierres blanches et de pierres noires pour savoir qui doit jouer ensuite.

○ = Takechiyo ● = toi

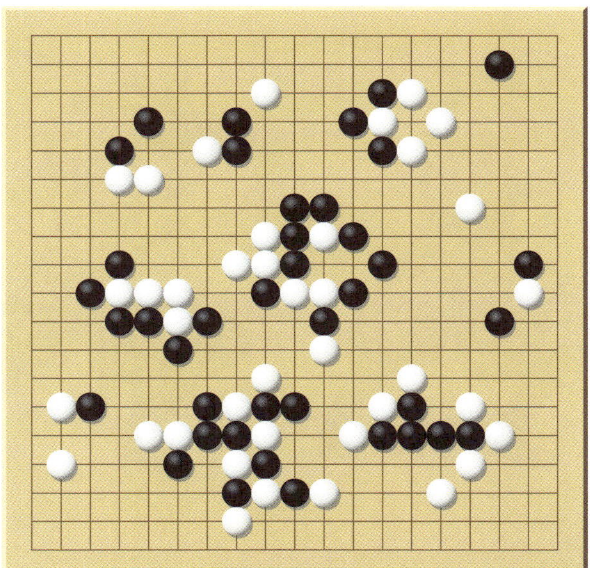

DANS L'ARMURE DU SAMOURAÏ

Ton père et celui de Takechiyo sont des samouraïs. On les reconnaît surtout à leurs deux sabres, les katanas, qu'ils portent à la ceinture. Mais la plupart des samouraïs sont aussi coiffés et habillés de la même manière, et il n'est pas toujours facile de les différencier.

Observe attentivement les deux hommes et trouve les sept différences qui existent entre eux.

LA RONDE DES CLANS

Takechiyo et toi faites partie du clan Matsudaira, dont ton ami deviendra le chef quand il sera plus grand. Mais vous dépendez du clan Imagawa, à qui vous devez obéir, car il gouverne votre province. Vous entendez souvent vos parents parler des affrontements entre les clans. Les Imagawa sont surtout en conflit avec le clan Oda. Ils se disputent constamment des territoires.

Pour mieux comprendre ce qui se joue actuellement dans ton pays, complète ces rondes de *mon*, c'est-à-dire les emblèmes des différents clans, en dessinant les symboles manquants afin que chaque ronde soit symétrique.

LA LEÇON DE L'ÉVENTAIL

Ton père est très dur avec toi. Il te demande de respecter tous les principes moraux du samouraï, qui sont en partie listés dans *Le Traité des cinq roues.* Mais ton père t'apprend aussi beaucoup de choses à l'oral.

Fais apparaître un mot qui est essentiel dans la vie d'un samouraï en rangeant ces éventails du plus grand au plus petit.

D

S

H

O

I

B

U

TROUVE LA POSE

Tu as appris une terrible nouvelle : le clan Oda est en train d'envahir votre province. Le chef de votre clan, le père de Takechiyo, a demandé de l'aide au clan Imagawa, mais vous n'avez pas encore eu de réponse de sa part. Vous aidera-t-il ? Ton père te dit de ne pas t'en préoccuper et de continuer ton apprentissage.

Devine la position que ton père veut t'enseigner aujourd'hui en reliant tous les points de 1 à 61.

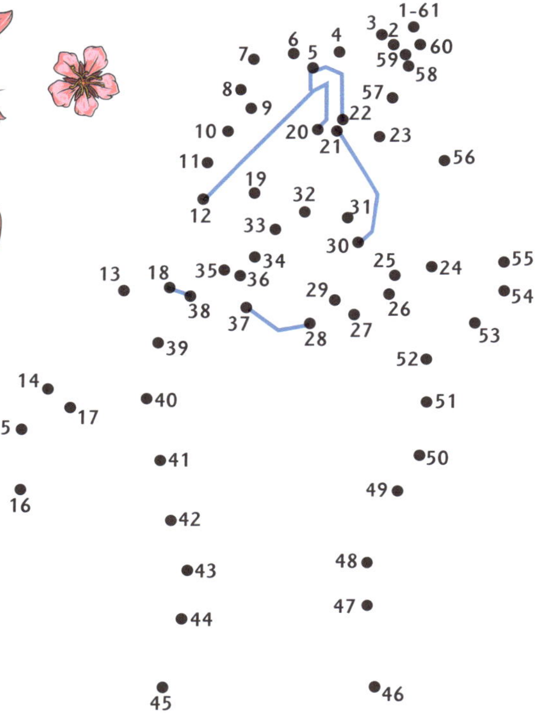

TECHNIQUE ANCESTRALE

Alors que tu es à peine sorti du lit, ton père t'indique que vous allez vous entraîner sur une discipline spécifique aux samouraïs.

C'est une technique que tu connais bien depuis que tu as trois ans, mais tu oublies parfois comment elle s'appelle.

Pour faire apparaître son nom dans les cases jaunes, complète cette grille avec les lettres A, D, E, K, N et O, de sorte que chacune n'apparaisse qu'une fois par ligne, par colonne et par rectangle de six cases.

	E		N	O	
O		N		A	
A		K	O	E	
N		E	A		
	A		E		
E	N	O		D	A

FAIRE PARLER LE SABRE

À cinq ans, Takechiyo et toi savez déjà comment tenir une arme et faire quelques mouvements avec votre sabre. Mais vous n'avez pas encore le droit de le porter à la ceinture, comme les vrais samouraïs. Ce matin, durant la séance de kendo, ton ami a l'air triste.

Pour comprendre ce qui le préoccupe, continue de recopier les lettres au-dessus et en dessous de la vague de ta lame. Lis ensuite une lettre du haut, puis du bas, puis du haut, et ainsi de suite jusqu'au bout de la vague.

JVIÊRPIEOAE EASTERSNTG

LES OTAGES

Quand tu rentres chez toi le soir, ton père t'explique que tu vas, toi aussi, être pris en otage avec ton ami. Tu as peur, mais il te dit que tu n'as pas à t'inquiéter.

Complète les explications de ton père en remettant tous les mots dans le bon ordre, en sachant que les mots verts vont dans la première phrase et les rouges dans la seconde.

pour lui Mais il veillera façon votre formation

vous continuiez C'est une manquiez que nous

vous ne de s'assurer de rien. respectons de samouraïs

à ce que ses ordres. et à ce que

Il est de coutume que notre daimyo, le seigneur samouraï de notre province, prenne en otage de jeunes garçons.

____

____

____

____

____

LE CADEAU DE TON PÈRE

Quelques semaines plus tard, c'est le moment du départ. Ton père te remet un présent.

Dans cette grille, chaque chiffre représente un groupe de cases à colorier, ou à laisser en blanc. Sur la colonne qui a déjà été complétée, tu peux ainsi voir qu'il y a 5 cases en noir en haut, suivies de 12 cases blanches, puis 1 noire, 1 blanche et enfin 11 noires. Suis toujours cette logique pour compléter toute la grille et faire apparaître le cadeau de ton père.

			2	4	6																			6	4	2			
			5	6	8																			8	6	5			
		1	10	5	1																			1	5	10	1		
		3	1	4	4																			4	4	1	3		
	1	17	1	1	1	4		7	6	5	3	2					2	3	5	6	7		4	1	1	1	17	1	
	1	1	4	4	4	16		3	7	12	2	6					6	2	12	7	3		16	4	4	4	1	1	
	23	1	1	1	1	1		3	2	1	3	4					4	3	1	2	3		1	1	1	1	1	23	
1	1	4	3	3	3	8	10	12	6	1	9	6	19	20	20	19	6	9	1	6	12	10	8	3	3	3	4	1	1
29	4	3	3	2	2	1	20	5	9	11	13	12	11	10	10	11	12	13	11	9	5	20	1	2	2	3	3	4	29

EN ROUTE !

Takechiyo et toi êtes emmenés dans des chaises à porteurs pour rejoindre le palais du clan Imagawa, à Sunpu. Mais les porteurs connaissent mal votre province et ils ne semblent pas savoir dans quelle direction aller.

Retrouve quel chemin emprunter pour traverser ce labyrinthe et arriver au palais du clan Imagawa.

L'EMBUSCADE

Le lendemain du départ, vous êtes réveillés en sursaut. La chaise à porteurs est tombée d'un coup. « Nous sommes attaqués ! » te dit ton ami après avoir jeté un œil à l'extérieur. Tu vois effectivement des samouraïs arriver en trombe, à cheval. L'un d'eux vous crie quelque chose, mais dans l'agitation, tu ne comprends pas tout.

Ne lis qu'une lettre sur deux pour comprendre ce que le samouraï essaie de te dire.

NGOJURSC VZERNYOUNVSZ DREY
LVAU PZATRUTV DYUI DCAXIYMIYVOQ
NVORBAUXHTIUDBEI OWDZAW. VWOHUYSI
ÊCTZETSY DCÉYSIOBRTMZAWIDSJ NUOISB
ORTZAXGTEUSB.

PRISONNIERS AU CHÂTEAU

Tu n'en reviens pas ! En 24 heures, vous êtes passés d'otages du clan Imagawa à otages du clan Oda. Votre destin est entre les mains des grands seigneurs du Japon, et vous ne savez que faire. Heureusement, à votre arrivée au château Anjō, vous êtes très bien reçus.

Pour savoir combien de jours vous allez rester ici, complète cette pyramide de nombres en sachant que chaque case est la somme des deux cases qui se trouvent en dessous d'elle.

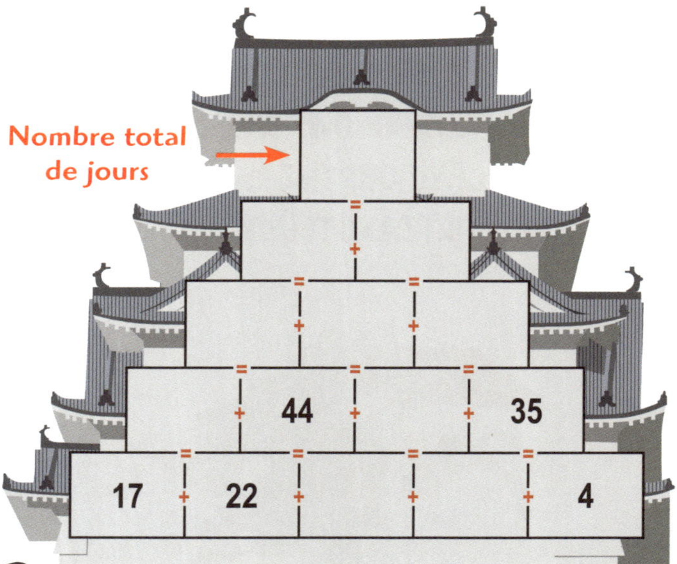

ARMÉE EN VUE !

Peu de temps après votre arrivée, le daimyo du clan Oda, Nobuhide, vous annonce que vos pères ne veulent pas rejoindre ses rangs. Mais heureusement, on ne vous fait aucun mal et même après la mort de Nobuhide, son fils continuera de veiller sur vous.

Mais un matin, alors que Takechiyo et toi vous entraînez à manier vos katanas, un samouraï entre en catastrophe et annonce : « L'armée du clan Imagawa arrive ! »

Observe attentivement les samouraïs par la fenêtre et trouve le seul détail qui n'appartient pas à cette image.

CHAPITRE 2

DANS LES RANGS DU CLAN IMAGAWA

DRÔLE DE MARCHÉ

Au bout de longues heures de négociations, vous apprenez qu'un membre du clan Oda a accepté un accord avec le clan Imagawa. Vous allez quitter le château et repartir avec les Imagawa. En échange, ces derniers lèveront le siège du château.

Découvre le nom de l'homme du clan Oda qui a accepté ce marché en remplaçant chaque symbole, ou groupe de symboles, par la lettre qui lui correspond dans le tableau.

	A	B	D	G
	I	L	N	O
	S	T	U	

LES ANNÉES PASSENT...

Takechiyo et toi avez passé plusieurs années à Suruga, parmi le clan Imagawa. Les samouraïs ont continué de vous apprendre toutes leurs techniques et leur façon de vivre. C'est en 1556, alors que vous avez treize ans, que vous avez enfin la possibilité de rentrer chez vous. Mais le père de Takechiyo est mort et c'est maintenant à ton ami de diriger le clan Matsudaira, tout en restant sous la coupe des Imagawa.

Pour que chacun trouve sa place dans cette nouvelle hiérarchie, dessine cinq ronds, pour représenter des samouraïs, de sorte que chacun n'apparaisse qu'une fois par ligne, par colonne et dans chaque groupe de cases. Note également qu'aucun samouraï ne peut en toucher un autre, même pas en diagonale.

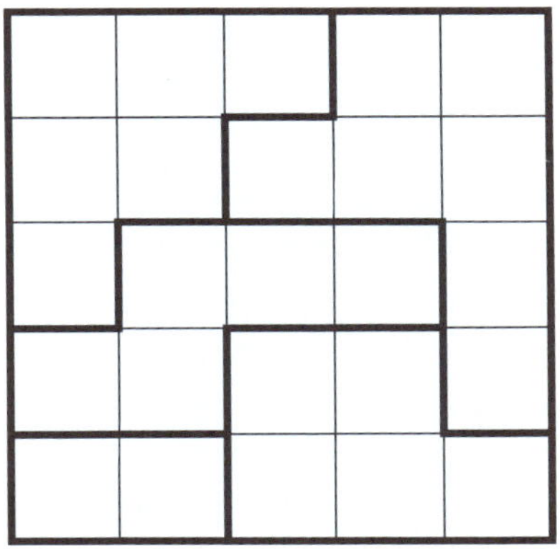

Indice

Commence par regarder le groupe de deux cases en bas à gauche. Il y a forcément un samouraï dans l'une de ces deux cases : tu peux donc déjà barrer les autres cases de la ligne et les cases qui les touchent toutes les deux.

POUR LES VRAIS SAMOURAÏS

Aujourd'hui est un grand jour, Takechiyo et toi avez terminé la première partie de votre apprentissage, qui durera toute votre vie. Vous êtes désormais des samouraïs, et vous pouvez porter les deux sabres à la ceinture.

Pour te remémorer toutes les obligations du samouraï, retrouve tous les mots de la liste dans cette grille. Ils peuvent apparaître à la verticale, à l'horizontale ou en diagonale, à l'endroit ou à l'envers.

É	F	R	A	C	C	A	R	Y	C	N	O	L	B	D	S
T	Ê	E	C	B	H	O	O	P	O	B	B	O	E	I	Q
I	M	C	C	V	O	M	U	Y	M	O	I	Y	S	G	Z
C	I	O	E	T	N	A	I	R	P	C	E	A	S	N	R
I	N	N	P	Z	N	Î	Ê	V	A	A	N	U	E	I	Y
L	I	N	T	Z	Ê	T	J	I	S	G	V	T	T	T	I
P	M	A	A	L	T	R	U	I	S	M	E	É	I	É	B
M	A	I	T	O	E	I	S	C	I	Z	I	R	L	J	O
I	L	S	I	P	T	S	T	M	O	C	L	I	O	O	P
S	I	S	O	W	É	E	I	C	N	Y	L	N	P	I	É
Y	S	A	N	A	Y	R	C	E	M	L	A	C	E	X	V
V	M	N	V	I	P	N	E	H	O	N	N	E	U	R	R
R	E	C	Z	A	P	T	Q	U	A	N	C	O	È	Y	U
V	Q	E	I	O	B	F	C	E	C	N	E	I	T	A	P

ACCEPTATION
ALTRUISME
BIENVEILLANCE
CALME
COMPASSION
COURAGE
DIGNITÉ
HONNÊTETÉ
HONNEUR
JUSTICE
LOYAUTÉ
MAÎTRISE
MINIMALISME
PATIENCE
POLITESSE
RECONNAISSANCE
SIMPLICITÉ

LA MEILLEURE STRATÉGIE

Yoshimoto Imagawa vous a demandé de rejoindre son armée pour lutter contre le clan Oda. Takechiyo doit diriger votre clan. Il fait preuve de beaucoup de patience pour créer la meilleure stratégie. Aide Takechiyo à la mettre en place en repérant tous vos ennemis.

Le chiffre à côté de chaque forme de bataillon indique combien il y en a dans la grille. Les chiffres en haut et à gauche du tableau, quant à eux, indiquent le nombre de parties de bataillons présentes sur la ligne ou la colonne. Par exemple, un 1 en haut indique qu'il y a un seul petit bataillon, ou bien une seule partie de bataillon dans la colonne. Deux bataillons ne se touchent jamais, même pas en diagonale.

	0	4	0	3	2	1
3						
1						
3					/	
0						
3						
0						

Forme et taille des bataillons ennemis :

3 = 

2 = 

1 = 

MESSAGE SECRET

Depuis quelque temps, Yoshimoto Imagawa se rapproche de Takechiyo. Il semble apprécier les compétences de tacticien de son allié. Tu es d'autant plus fier de faire partie de son entourage proche. Ce matin, tu as même reçu un drôle de message, que quelqu'un a glissé sous ta porte.

Aide-toi du tableau de correspondance pour le comprendre.

A	C	D	E	F	I	L
あ	い	う	え	お	き	こ
N	O	R	S	T	U	V
さ	し	す	せ	そ	た	ち

こえ いこあさ しうあ ちえたそ

おあきすえ たさえ あここきあさいえ

あちえい ちしたせ

L'ANNÉE DU CHANGEMENT

Tu as parlé à Takechiyo du message, mais il a refusé de se déshonorer en trahissant son daimyo. Tu es bien d'accord avec lui. Vous avez promis à Yoshimoto de le suivre, et c'est ce que vous ferez. Pourtant, en 1560, les choses changent pour vous deux.

Pour découvrir ce qu'il s'est passé, place chaque groupe de lettres dans une colonne du tableau. Tu verras alors apparaître un message caché.

YMSDNA OOTAEI STTNBL HOUSAL IEÉUTE

NOUVELLE ALLIANCE

C'est durant la bataille d'Okehazama que votre chef, Yoshimoto Imagawa, est tué par le clan Oda. Takechiyo et toi réfléchissez. Que devez-vous faire, désormais ? Le clan Oda est de plus en plus fort. Ne feriez-vous pas mieux de vous allier à Nobunaga Oda ?

Pèse le pour et le contre en complétant cette grille de binairo avec des 0 et des 1. Il doit y avoir autant de l'un que de l'autre sur chaque ligne et chaque colonne, et il ne peut jamais y avoir plus de deux mêmes chiffres côte à côte ou l'un au-dessus de l'autre. Regarde ensuite la case colorée et la légende pour découvrir ce que vous avez décidé.

	0		0	1	
	0		0		
				1	
	0				
1				1	
0					

0 = aller chez Oda

1 = rester chez Imagawa

LE REFLET DE LA VÉRITÉ

Vous devez opérer dans le plus grand secret, car l'épouse de Takechiyo et l'un de ses fils sont encore tous deux du côté des Imagawa. Ton ami a une idée pour les récupérer.

Aide-toi d'un miroir pour comprendre ce que Takechiyo cherche à te dire.

NOUS ALLONS CAPTURER
DES MEMBRES DU CLAN
IMAGAWA, PUIS NOUS
PROPOSERONS À LEUR
CHEF DE LES LIBÉRER À LA
CONDITION QU'IL ME RENDE
MA FEMME ET MON FILS.

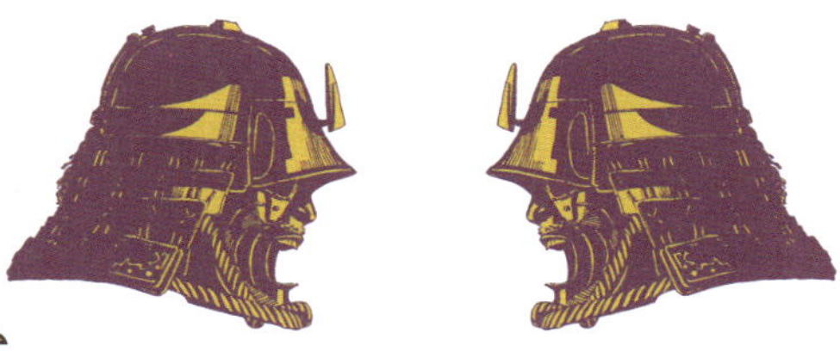

CHAPITRE 3

LE PREMIER RÉUNIFICATEUR

LA LONGUE GUERRE

Te voilà en 1561. Tu as 18 ans, à présent. Takechiyo et toi avez rejoint les rangs de Nobunaga Oda, mais vous devez encore affronter les Imagawa et récupérer leur territoire.

Découvre combien d'années vous devrez encore vous battre contre ce clan en complétant ce carré magique de sorte que la somme de chaque ligne, chaque colonne et chaque diagonale soit égale à 21. Additionne ensuite les deux cases colorées pour obtenir la réponse.

	5		= 21
			= 21
	9	4	= 21
= 21	= 21	= 21	= 21

UN NOM PARMI LES OMBRES

En 1566, avant même d'avoir terminé entièrement les combats, l'empereur autorise ton ami à changer de nom.

Découvre le nouveau nom du clan Matsudaira en reliant chaque samouraï à son ombre pour replacer les lettres dans l'ordre des chiffres.

1 2 3 4 5 6 7 8

W A K T A G O U

_ _ _ _ _ _ _ _

L'ILLUSTRE DAIMYO

Pendant ce temps, Nobunaga Oda se distingue dans une série de combats. Il a déjà bien étendu son territoire et il approche maintenant de la capitale. En 1568, il renverse le shogun en place et en installe un autre, qui devient sa marionnette.

Par respect pour ton maître tout-puissant, entraîne-toi à dessiner Nobunaga Oda, qui devient l'un des plus importants daimyo de son temps.

秋

FAIRE PARLER LES ARMES

Nobunaga tire sa force des armes qu'il utilise. Elles lui viennent directement des Portugais. Effectivement, lorsque des marchands sont venus au Japon, Nobunaga a sauté sur l'occasion : il leur a acheté leurs fusils et en a fait des copies pour son armée.

Retrouve le nom exact de cette arme en remettant les lettres dans l'ordre. Pour cela, tu n'as qu'à suivre le fil de chaque lettre pour la remettre à sa place.

Q U B E R A E U S

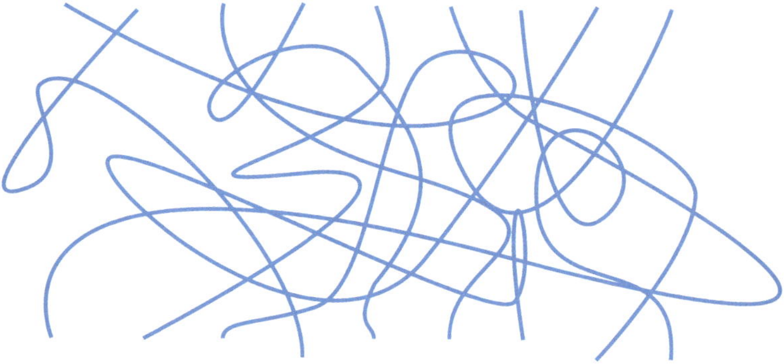

... ...

NOUVELLE STRATÉGIE

Depuis que ton ami Takechiyo Matsudaira a changé de nom pour s'appeler Ieyasu Tokugawa, il est devenu un daimyo important. Tout le monde sait qu'il est un bon tacticien. Il a d'ailleurs une nouvelle idée : faire une alliance avec le clan Takeda, pour terminer les combats contre les Imagawa. Ieyasu te demande donc de leur écrire une lettre.

Trouve les bons mots pour convaincre le daimyo du clan Takeda en complétant cette grille grâce aux définitions.

1. Période ou endroit où se déroulent les combats.
2. Lorsqu'une armée la déclare à une autre, elle fait d'elle son ennemi.
3. Le nom d'un groupe de samouraïs qui vivent dans la même province.
4. Lorsque quelqu'un a fait une alliance et qu'il la rompt du jour au lendemain pour s'allier avec un ennemi.
5. Pays des samouraïs.
6. Vêtement traditionnel du samouraï lorsqu'il n'est pas au combat.
7. Grande demeure où vivent les daimyos, le shogun ou l'empereur.
8. Vêtement que portent les samouraïs dans une armée.
9. Lorsque deux armées choisissent de combattre ensemble.
10. « La voie du guerrier ».
11. Le chef militaire du Japon.
12. Le chef qui a un rôle de représentation, garant des traditions et de la religion au Japon.

LES RÉVÉLATIONS DU THÉ

Un jour, vous devez faire une pause dans les combats. Nobunaga a invité tous les daimyos à Kyoto. C'est une façon pour lui de savoir qui est de son côté et qui ne l'est pas. En préparant la cérémonie du thé, qu'il compte partager avec tous ses alliés, il se rend compte que les daimyos des clans Takeda, Nagao et Asakura ne sont pas présents. Mais il y a bien pire ! Nobunaga apprend qu'une alliance contre lui a été créée et que le shogun qu'il a lui-même mis sur le trône en fait partie.

Durant la cérémonie du thé, devine combien de groupes font partie de cette alliance anti-Nobunaga, en retrouvant logiquement la valeur de la dernière addition.

Attention : chaque dessin correspond à une valeur différente, qui est toujours un nombre à un seul chiffre.

UNE LOGIQUE IMPLACABLE

Finalement, votre clan parvient enfin à vaincre les Imagawa en 1570. Mais le clan Takeda vous a pris une partie de territoire, vers l'ouest. Il serait temps de rompre votre alliance avec eux… Quand Ieyasu en parle à Oda Nobunaga, celui-ci vous demande d'abord de l'aider à combattre les clans Asakura et Azai, plus au nord. Pour cela, vous devez réfléchir à la meilleure stratégie.

Fais preuve de logique pour retrouver la bonne série de quatre couleurs, en t'aidant de la légende. Toutes les couleurs du code sont différentes.

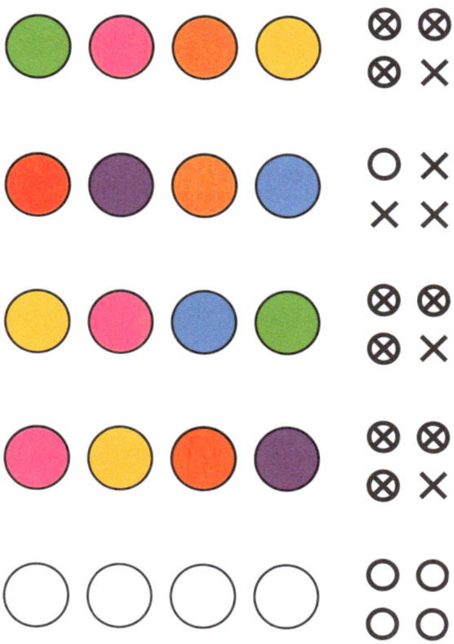

○ bien placé

⊗ mal placé

× pas dans le code

UN GÉNÉRAL REDOUTABLE

Vous ne mettez pas très longtemps à vaincre les clans Azai et Asakura, notamment grâce à un homme en particulier : c'est l'un des généraux de Nobunaga. Tu as entendu dire qu'avec 400 hommes sous ses ordres, ce militaire a réussi à décourager une armée ennemie de 4 000 hommes !

Découvre son nom en remplaçant chaque nombre par la lettre qui lui correspond dans l'alphabet. Aide-toi du tableau de correspondances.

A	B	C	D	E	F	G	H	I
1	2	3	4	5	6	7	8	9
J	K	L	M	N	O	P	Q	R
10	11	12	13	14	15	16	17	18
S	T	U	V	W	X	Y	Z	
19	20	21	22	23	24	25	26	

19 8 9 21 20 1 11 1 20 19 21 9 5

_ _ _ _ _ _ _ _ _ _ _ _ _

LA GRANDE BATAILLE

Après la bataille, Nobunaga vous remercie et vous dit qu'il viendra vous aider à vaincre le clan Takeda dès que possible. Mais vous ne pouvez pas attendre plus longtemps. Une nouvelle guerre de clans est ouverte !

Déplace les barres colorées en t'aidant des flèches pour faire apparaître le nom de la prochaine grande bataille à laquelle tu vas participer.

CHAPITRE 4

LA FIN DU CLAN TAKEDA

UNE RUSE LÉGENDAIRE

On dit de Shingen Takeda, le chef du clan ennemi, qu'il est l'un des meilleurs samouraïs de votre temps. Vous comprenez vite, durant la bataille, qu'il est digne de sa réputation !

Remets les événements dans l'ordre pour faire apparaître un mot.

É. Pourtant, Shingen Takeda a la solution. Il envoie sa cavalerie en première ligne. Bien qu'il y ait beaucoup de pertes, les cavaliers, munis de lances, traversent votre ligne d'arquebusiers.

A. Votre petit groupe bat en retraite, et vous emmenez Ieyasu à l'abri dans la forteresse de Hamamatsu.

T. Après avoir vaincu votre armée, Shingen Takeda rejoint la forteresse. Mais en voyant les portes ouvertes, il pense que c'est un piège et il préfère repartir.

D. Au début de la bataille, Ieyasu pense facilement vaincre les Takeda, car vous vous battez avec des arquebuses, ces longs fusils venus du Portugal, alors que le clan Takeda n'est armé que de sabres.

I. Ieyasu a alors une idée de génie. Vous laissez les portes de la forteresse grandes ouvertes et vous vous cachez à l'intérieur.

E. Le plan de ton chef a fonctionné à la perfection. Et heureusement, sinon vous seriez probablement tous morts…

F. Le clan Takeda a rapidement pris l'avantage. Vous n'avez pas le choix : vous devez protéger votre chef, Ieyasu, à tout prix. Tu formes rapidement un groupe de quatre samouraïs pour protéger Ieyasu.

__ __ __ __ __ __ __

1 2 3 4 5 6 7

LE TRAÎTRE

L'armée d'Ieyasu est affaiblie et ton fidèle ami ne pense pas réussir à vaincre le clan Takeda sans l'aide d'Oda Nobunaga. Il te demande de lui envoyer un message pour lui expliquer votre situation. Tu t'en occupes, et plusieurs semaines plus tard, vous recevez enfin sa réponse.

Aide-toi des indications de Nobunaga et procède par élimination pour comprendre de qui il parle dans son message.

Je ne peux pas vous aider pour le moment. On vient de me trahir ! Je ne peux pas vous dire de qui il s'agit, mais sachez que, bien que ce soit un homme, ce n'est pas un samouraï. Il ne porte d'ailleurs jamais d'armes. En revanche, il porte toujours quelque chose sur sa tête.

Ogimachi

Ashikaga Yoshiaki

Akechi Mitsuhide

Oichi Oda

Toyotomi Hideyoshi

UNE IMMENSE ARMÉE

Heureusement, le destin semble être de votre côté, car Shingen Takeda meurt peu de temps après. Son fils, Katsuyori, prend sa place en 1573, mais vous savez qu'il n'a pas la même réputation que son père. Contre lui, vous avez une chance de l'emporter ! Il est temps de faire un inventaire de vos troupes.

Résous chaque opération, puis additionne tous les résultats, en bas de page, pour obtenir le nombre total de samouraïs qui seront à votre disposition.

79 + 57

24 × 2

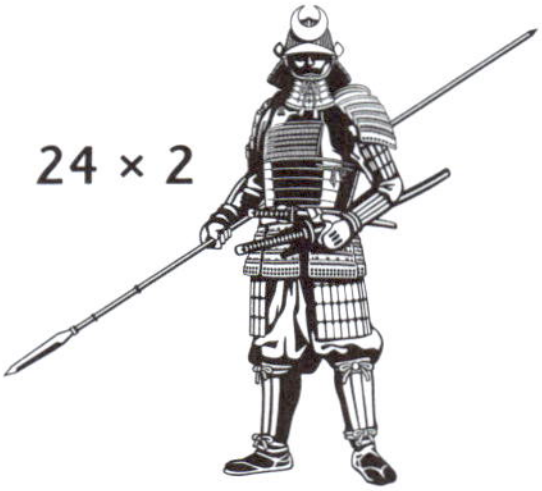

29 × 4

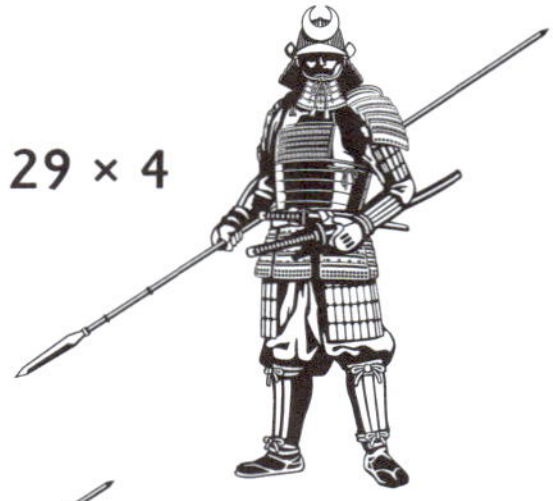

320 ÷ 4

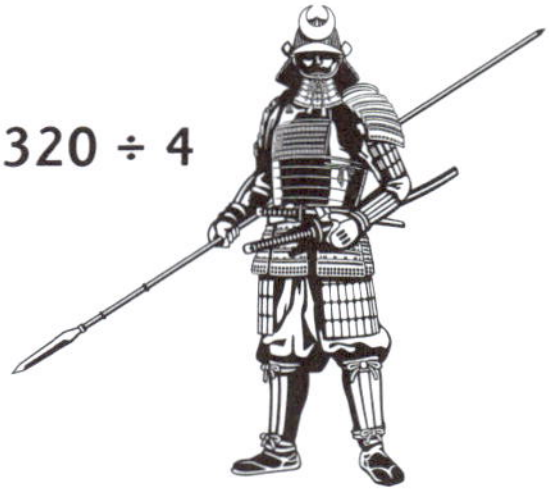

Total = ... x 100

UNE ARMÉE BIEN RANGÉE

En 1575, le clan Takeda assiège l'un de vos châteaux, celui de Nagashino. Heureusement, Nobunaga est enfin disponible pour aider votre clan. Toutes les chances sont de votre côté. Il ne vous reste plus qu'à réfléchir aux positions de vos différentes armées.

Aide Ieyasu à mettre son armée en ordre en complétant cette grille de Sudoku de sorte que chaque image n'apparaisse qu'une fois par ligne, par colonne et par rectangle de six cases.

LE BON OUTIL

Malgré votre avantage numérique et l'utilisation d'armes à feu, vous savez que le clan Takeda ne se laissera pas faire. Ils sont connus pour leurs attaques à cheval. Nobunaga a ainsi l'idée de protéger les arquebusiers avec des palissades en bois. Ieyasu te demande de prendre en charge leur construction.

Vérifie que tes soldats ne prennent que les outils nécessaires, en barrant tous ceux qui apparaissent en double. À la fin, il ne te restera que trois outils.

ENNEMIS ÉTERNELS

Une fois de plus, le plan de Nobunaga fonctionne parfaitement et vous parvenez enfin à vaincre Katsuyori Takeda. Mais le fils du célèbre Shingen n'a pas dit son dernier mot. Il continuera d'attaquer le clan Tokugawa durant des années.

Complète ces suites logiques et additionne les chiffres qui manquaient pour savoir combien d'années encore durera votre guerre de clans.

A	45	34	23	12	☐
B	2	☐	6	8	10
C	☐	11	20	29	38

UN CRIME ATROCE

Trois ans après votre victoire, en 1579, tu apprends avec horreur qu'Ieyasu a tué sa femme et son fils aîné. Serait-il devenu fou ? Ton ami est effectivement dans tous ses états et tu ne comprends pas tout ce qu'il dit.

Pour le découvrir, devine comment décoder ce message.

NOBUNAGA M'A DIT QUE MA FEMME

AVAIT COMPLOTÉ CONTRE MOI

AVEC LE CLAN TAKEDA

NOBUNAGA M'A DIT QUE MA FEMME

AVAIT COMPLOTÉ CONTRE MOI

AVEC LE CLAN TAKEDA.

LA LOI DU CLAN

Pour prouver son allégeance au clan Oda, Ieyasu a été obligé de tuer sa femme et son fils. Tu es très triste d'entendre cette nouvelle. Pourtant, cette pratique abominable était parfois inévitable dans le milieu des samouraïs. La famille compte moins que les clans. Pour remonter le moral de ton chef, tu lui proposes une partie de dés.

Devine quel est le seul dé qui correspond au modèle de dé à plat.

A

B

C

L'ESTAMPE MYSTÉRIEUSE

C'est en 1582 que vous parvenez enfin à mater définitivement le clan Takeda. Katsuyori, le fils de Shingen, décède lors de la bataille de Tenmokuzan. C'est encore une fois Nobunaga qui vous a aidés à les battre. Tu sens qu'Ieyasu a encore un peu de rancœur envers lui, mais il lui reste tout de même fidèle et il ne peut que le remercier pour son aide.

Remercie, toi aussi, le clan Oda en offrant à leur chef une belle estampe. Pour cela, recompose ce puzzle pour former un mot.

R I E E E R E T M M N C S

Indice : La première et la dernière lettre sont à leur place.

UN GESTE DÉSESPÉRÉ

Quelques mois plus tard, vous apprenez une terrible nouvelle. Alors qu'il rentrait justement de la bataille de Tenmokuzan, Nobunaga s'est fait encercler dans un temple par Mitsuhide Akeshi et ses hommes. Mitsuhide était l'un de ses vassaux, il l'a donc trahi. Nobunaga était complètement piégé. Tu essaies d'imaginer la scène.

Cherche et trouve les objets suivants, puis remets leurs lettres dans l'ordre pour obtenir un mot.

_ _ _ _ _ _ _

LE VENGEUR

Ieyasu et toi vous doutez que, en tant qu'alliés de Nobunaga, Mitsuhide aimerait vous tuer aussi. Vous décidez donc de rentrer rapidement sur vos terres, pour y être plus en sécurité. Alors que vous réfléchissez à un plan pour attaquer Mitsuhide, vous apprenez qu'un autre samouraï a déjà vengé Nobunaga.

Pour découvrir son nom, barre toutes les lettres qui apparaissent en double. Remets les lettres restantes dans l'ordre pour faire apparaître son nom.

B F C K Y J G O M L Q

H I L D U E Q T S P

M G N C V T B R J P F

K V U N R

_ _ _ _ _ _ _ _ H I

CHAPITRE 5

LE DEUXIÈME RÉUNIFICATEUR

UNE BATAILLE ÉPIQUE

Hideyoshi Toyotomi était un vassal de Nobunaga, qui lui prêtait une confiance totale. Il l'avait envoyé seul combattre le clan Mori, à l'ouest du Japon. En apprenant la mort de Nobugana, Hideyoshi est vite revenu pour récupérer l'armée du clan Oda et s'en servir pour vaincre Mitsuhide Akeshi. Plus tard, l'un des soldats vous raconte la bataille.

Sers-toi de ses indications, et fais preuve de logique, pour compléter le grand tableau afin de découvrir combien de samouraïs, armés de quelles armes, ont combattu à quel moment et à quel endroit. Ajoute un rond à l'intersection de deux éléments qui vont ensemble, et une croix lorsqu'ils ne sont pas liés. À la fin, reporte tes résultats dans le plus petit tableau.

- Les samouraïs qui étaient les plus nombreux n'étaient pas les arquebusiers, et ils ne se sont pas battus en premier.
- C'est dans les bois que les samouraïs ont utilisés des lances. Ils n'étaient pas 200.
- Les samouraïs armés de haches et de lances se sont battus en premier et en dernier, mais aucun ne s'est battu à la rivière.
- Les premiers combats ont eu lieu au château, juste avant que les 400 samouraïs ne se battent dans la plaine.
- Les 200 arquebusiers se sont battus après les samouraïs armés de katanas.
- C'est près du château que les samouraïs étaient les moins nombreux.
- Les samouraïs qui se sont battus en troisième étaient moins de 300.

ARMES	NB DE SAMOURAÏS	LIEUX	COMBATS

		NB DE SAMOURAÏS				LIEUX				COMBATS			
		100	200	300	400	bois	rivière	plaine	château	premier	deuxième	troisième	quatrième
ARMES	arquebuse				X								
	katana												
	hache												
	lance												
COMBATS	premier				X								
	deuxième												
	troisième												
	quatrième												
LIEUX	bois												
	rivière												
	plaine												
	château												

L'INTRUS

Ieyasu se dit qu'avec la mort de Nobunaga, il n'y a plus personne pour l'empêcher d'agrandir ses terres. Il propose à toi et d'autres généraux de l'accompagner pour envahir les provinces de Kai et Shinano, à l'est de vos terres. Alors que vous êtes en plein conseil de clan, tu as l'impression que quelqu'un vous observe.

Observe attentivement ces personnages et trouve l'intrus parmi eux.

L'ACCORD CONFIDENTIEL

Vous partez en direction de l'est, mais avant même de commencer les combats, un messager du clan Hojo vous propose un accord.

Décrypte le message grâce au tableau pour deviner ce que propose le clan Hojo.

A	C	D	E	G	H	I	K	L
N	O	P	R	S	T	U	V	Z

NOUVELLES CONVOITISES

Ieyasu accepte. Votre territoire s'est étendu, mais Ieyasu est plein d'ambition. Il aimerait bien récupérer toutes les terres anciennement contrôlées par le clan Oda. Pourtant, il préfère jouer la carte de la patience. Il décide de rester neutre, tandis que deux anciens vassaux de Nobunaga se déclarent la guerre.

Complète cette grille avec les mots de la liste, à l'horizontale, pour faire apparaître le nom du vainqueur de cette guerre, à la verticale, dans les cases colorées.

ANALYSE
CERISIER
CHEVALERIE
DUEL
EMPEREUR
SABRE
SAMOURAÏS
SHOGUN
THÉ

LA BATAILLE DE NAGAKUTE

En 1584, deux ans après la mort de Nobunaga, Ieyasu estime que c'est à son tour de tenter une prise de pouvoir. Toi et d'autres généraux êtes envoyés pour attaquer Hideyoshi. La bataille de Nagakute commence !

Réponds à ces questions par « vrai » ou « faux » pour découvrir l'issue du combat.

1. Il n'y a que deux couleurs sur le drapeau du Japon.

☐ VRAI ☐ FAUX

2. Le vêtement du samouraï, quand il n'est pas au combat, s'appelle le kimono.

☐ VRAI ☐ FAUX

3. À l'époque d'Ieyasu, il n'y a qu'un seul grand dirigeant au Japon.

☐ VRAI ☐ FAUX

4. Les samouraïs portent toujours trois armes sur eux.

☐ VRAI ☐ FAUX

5. Les samouraïs ont les cheveux longs, qu'ils attachent en chignon.

☐ VRAI ☐ FAUX

- **Autant de « vrais » que de « faux » = aucun vainqueur.**
- **Plus de « vrai » = Hideyoshi remporte la bataille.**
- **Plus de « faux » = Ieyasu remporte la bataille.**

UNE ARME SECRÈTE ?

Ieyasu aimerait comprendre comment Hideyoshi remporte tous les combats qu'il mène. Il te demande d'enquêter en parlant à ses soldats.

Aide-toi des définitions pour remplir cette grille de mots fléchés. Remets ensuite dans l'ordre les lettres en couleurs pour faire apparaître le nom de l'arme secrète d'Hideyoshi.

Soldat japonais / Sabre japonais		Après lundi / Cachent sous terre		ma, ..., sa / ... pas	
Maman / Dans un bateau (à)					Retient sa respiration (en) / Au dessus du cou
				Après deux / Couleur sombre	
Pipi / Période japonaise					
			Retire / Adjectif démonstratif		
Vieux / Ouvrir les guillemets					
					Fruit qui rougit au soleil

Pays du soleil levant		Saisons du soleil / Mariage		Union européenne / Do, …, mi	
L'une et l'… / Symbole de l'argon					
					Étendu
				Mouvement de la mer	
Non anglais / Espace numérique de travail			mi, …, sol / États-Unis		
	Pas doués / Sud-ouest				
		Idiot			

LA SUCCESSION

Ieyasu te dit qu'il est temps de renoncer. Il accepte finalement de vivre sous les ordres d'Hideyoshi. Ce dernier est désormais l'un des hommes les plus puissants du Japon, bien qu'il ne soit pas à proprement parler le chef du clan Oda.

Découvre qui succède à Nobunaga Oda en complétant logiquement son arbre généalogique grâce aux indications.

- **Nobuhide a eu trois fils avec sa femme, Gozen. Les noms des trois enfants commencent de la même façon, mais finissent par des lettres différentes.**
- **Nobunaga a eu trois enfants avec l'une de ses concubines. Nobukane n'en fait pas partie.**
- **Nobutada n'est pas de la même génération que Nobuyuki, mais de celle de Nobukatsu.**
- **Nobutaka est le plus jeune de sa fratrie, tandis que Nobuyuki est au milieu de la sienne.**
- **Hidenobu est le fils d'un premier de fratrie. Son père n'est pas Nobukatsu.**

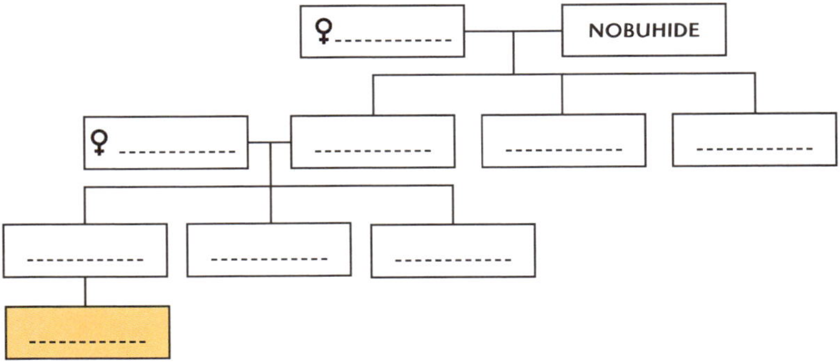

♀ GOZEN
HIDENOBU
♀ KITSUNO
NOBUNAGA
NOBUYUKI

NOBUKANE
NOBUTAKA
NOBUTADA
NOBUKATSU

DES TERRES POUR UN CHÂTEAU

Pour vous remercier de votre alliance, Hideyoshi propose au clan Tokugawa de récupérer les terres du clan Hojo, qu'il vient juste de vaincre, en échange de votre territoire actuel. Ieyasu accepte, car ces nouvelles terres sont plus riches que les vôtres.

Trouve l'endroit idéal pour y installer votre nouveau château en repérant cette suite de trois symboles dans la grille. Elle peut apparaître à la verticale ou à l'horizontale, mais pas en diagonale.

LOGEMENTS MILITAIRES

Pourtant, Ieyasu n'est pas dupe. Hideyoshi lui a proposé ces terres pour vous éloigner de la capitale. Il sait très bien que vous pourriez représenter une menace et que ton maître souhaite toujours récupérer le pouvoir. Il attend juste le bon moment. Pour l'instant, il est occupé à installer la capitale de son propre clan à Edo. Il te demande d'organiser les habitations de ses différents généraux, dont tu fais partie.

Complète cette figure avec tous les nombres compris entre 1 et 19, de sorte que chaque nombre touche toujours celui qui le précède et celui qui le suit. Par exemple, le 2 doit toucher le 1 et le 3. Une ligne rouge entre deux cases indique qu'elles se suivent forcément, dans un sens ou dans l'autre. À la fin, toutes les cases doivent être remplies et tu dois pouvoir tracer un chemin de 1 à 19 sans lever ton crayon.

VOIR EN GRAND

En 1591, Hideyoshi a complètement réunifié le Japon. Il n'existe plus aucun clan indépendant. Tous sont maintenant sous ses ordres. Tout ce pouvoir lui donne même une idée folle. Il aimerait envahir un nouveau territoire.

Pour savoir de quoi il s'agit, trouve la réponse à cette devinette.

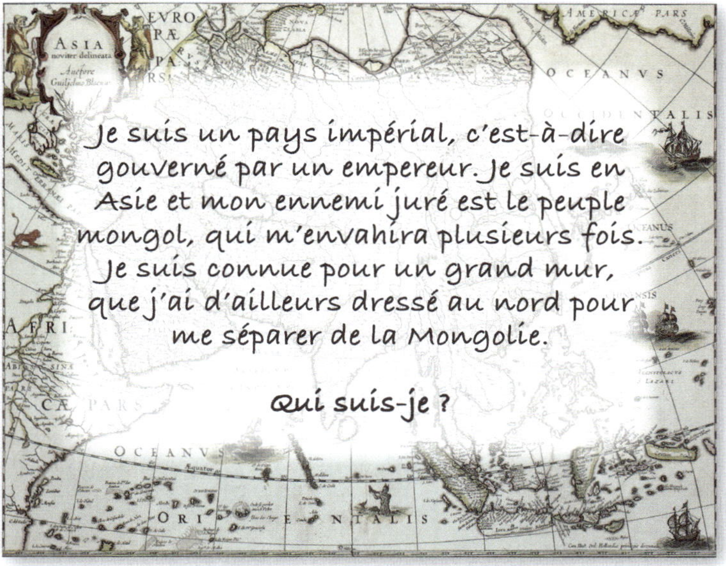

Je suis un pays impérial, c'est-à-dire gouverné par un empereur. Je suis en Asie et mon ennemi juré est le peuple mongol, qui m'envahira plusieurs fois. Je suis connue pour un grand mur, que j'ai d'ailleurs dressé au nord pour me séparer de la Mongolie.

Qui suis-je ?

....

LES MARTYRS D'HIDEYOSHI

Hideyoshi a aussi des idées pour son propre pays. Des idées noires... En 1597, dix ans après avoir chassé les Portugais du pays et avoir interdit le christianisme, il fait tuer des Japonais qui s'étaient convertis au catholicisme.

Découvre combien de malheureux martyrs Hideyoshi a fait exécuter, dans un excès de folie, en complétant cette grille de Sudoku. Chaque chiffre ne doit apparaître qu'une fois sur chaque ligne, chaque colonne et dans chaque carré de neuf cases.

		2	8					5
3		4		5	6	2		
1	8	5		4	2	6	7	3
					8	7	6	
6		9	7			3		
8		7			1			9
	9	6	2	8	3		1	7
2		8	5					6
	5	3			9	8	2	

MARTYRS

TROUPES EN ROUTE

Ieyasu observe les actions d'Hideyoshi à distance. Bien qu'il fasse partie de son conseil, il reste la plupart du temps à Edo. D'ailleurs, Ieyasu et toi ne participerez pas aux batailles contre la Corée, pays par lequel Hideyoshi doit obligatoirement passer pour envahir la Chine.

Aide-toi des indications pour te déplacer dans la grille et trouver la position actuelle de l'armée d'Hideyoshi.

Pars de A1 et déplace-toi de trois cases vers la droite, puis descends de trois cases avant d'aller de deux cases vers la gauche. Descends ensuite de trois autres cases avant d'aller à droite sur quatre cases. Remonte de cinq cases, va de trois cases à droite, descends de deux cases, puis va de deux cases vers la gauche. Descends ensuite de quatre cases, va de quatre cases vers la droite, puis remonte de trois cases. Enfin, va d'une case vers la gauche. L'armée d'Hideyoshi est ici.

LA FILLE DU DAIMYO

En 1598, Hideyoshi est malade, il sent venir sa fin. Il fait venir ses cinq conseillers auprès de lui, dont Ieyasu fait partie. Tu l'accompagnes jusqu'au palais du daimyo. C'est la fille adoptive d'Hideyoshi qui vous guide jusqu'à sa chambre. Subjugé par sa beauté, tu prends un temps pour l'admirer.

Profite de cet instant à part pour redonner ses couleurs à Chikurin en t'aidant du modèle.

DERNIÈRES PAROLES

On t'interdit l'accès à la chambre d'Hideyoshi. Seuls les cinq conseillers sont autorisés à y entrer. Tu attends dehors, puis Ieyasu te rejoint, la tête basse. Il t'apprend que l'homme est mort.

Devine les dernières paroles d'Hideyoshi Toyotomi en t'aidant des définitions et en déchiffrant ce rébus.

1. **Diminutif, en trois lettres, pour parler d'une personne « dont c'est le métier ».**
2. **Synonyme d'« attraper », « agripper ».**
3. **L'enfant (garçon) de quelqu'un.**

CHAPITRE 6

LA BATAILLE DE SEKIGAHARA

STRATÉGIE

Hideyori n'a que cinq ans à la mort de son père. Hideyoshi espérait que les cinq conseillers qu'il avait choisis dirigeraient le royaume en attendant la majorité du jeune garçon. Mais c'est le moment qu'espérait Ieyasu. Il fait partie des plus puissants daimyos du Japon. S'il veut prendre le pouvoir, c'est maintenant ou jamais !

Aide ton maître à préparer son meilleur plan en devinant dans quel sens tourne la dernière roue de chacune de ces lignes de rouages.

LE BON CHEMIN

Ishida Mitsunari, un autre conseiller, se dresse contre Ieyasu. Il tient à respecter ses engagements et à protéger Hideyori pour qu'il prenne la succession de son père. Peu à peu, deux armées sont créées : celle de l'est, vous, et celle de l'ouest, les alliés d'Ishida. Ieyasu t'envoie chercher des renforts.

Emprunte le bon chemin pour rejoindre l'un des clans de l'est. Pour cela, barre toutes les flèches qui apparaissent en double (même couleur et même direction), puis, en partant de la flèche vert clair en haut à gauche, déplace-toi en suivant les flèches qui restent, jusqu'à l'arrivée.

DÉPART

ARRIVÉE

EN GARDE !

Votre clan a réuni tous ses alliés. L'heure de la bataille a bientôt sonné !

Découvre en quelle année a lieu la bataille de Sekigahara en complétant cette grille de binairo avec des 0 et des 1. Il ne peut jamais y avoir plus de deux chiffres similaires côte à côte ou l'un au-dessus de l'autre, et il doit y avoir autant de 0 que de 1 sur chaque ligne et chaque colonne.

	1			1	1
				1	
		0			
	1				
0		0		1	

16 ☐ ☐

L'ORDRE DES GÉNÉRAUX

Quelques heures avant le début du combat, Ieyasu te demande d'organiser ses troupes pour savoir dans quel ordre ses généraux conduiront leurs armées.

Retrouve logiquement le bon ordre pour obtenir le nom de l'un d'eux. Pour cela, aide-toi de la petite bulle à gauche de chaque personnage. Elle représente le général qui se battra juste après lui.

RESTONS ZEN !

Votre stratégie est en place. Vous êtes en sous-nombre comparé à l'armée adverse, mais Ieyasu garde son calme. Il semble avoir confiance. Quant à toi, tu observes les alentours pour mieux capter toute l'ambiance de ce moment.

Aide-toi des images pour compléter cette grille de mots croisés.

1

2

3

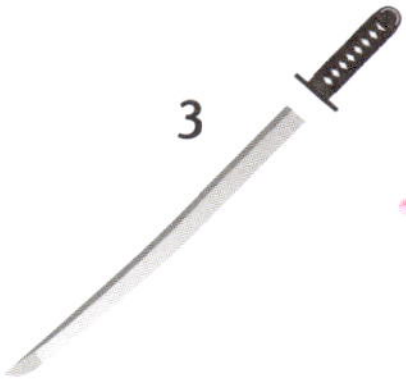

4

5

6

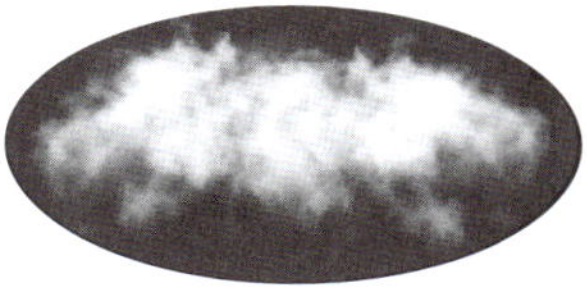

7

8

9

10

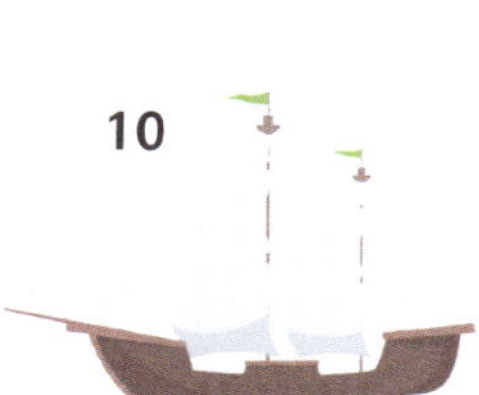

11

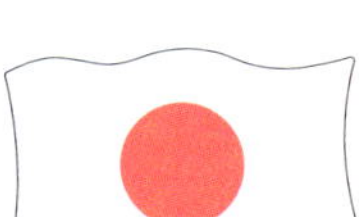

SOUDER LES CLANS

Le matin de la bataille, un gros brouillard vous empêche de voir les lignes adverses. Tu essaies de mesurer la taille de l'armée ennemie en devinant les différentes unités à travers la brume.

Dans ce tableau, relie chaque paire de symboles pour reformer chaque clan. Le nombre de cases séparant deux symboles identiques est indiqué à droite. À la fin, toutes les cases doivent contenir un trait. Attention, aucun trait ne peut en croiser un autre.

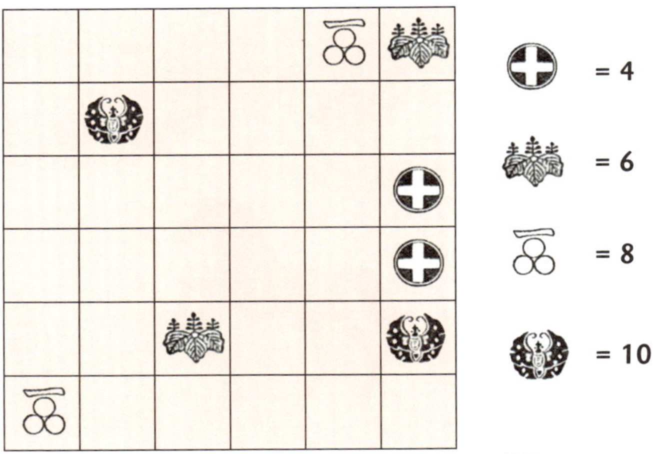

PLAN B

Les combats commencent ! C'est vous qui chargez contre les troupes ennemies. Mais après plusieurs heures de combats, vous n'êtes vraiment pas assurés de remporter la victoire. Heureusement, Ieyasu a assuré ses arrières. Devant ton air inquiet, il te remet un message à l'aide d'étranges traits et de points. Quelle drôle d'idée !

Aide-toi du tableau de correspondances pour comprendre ce qu'il a à te dire.

A	B	C	D	E	F
•—	—•••	—•—•	—••	•	••—•
G	**H**	**I**	**J**	**K**	**L**
——•	••••	••	•———	—•—	•—••
M	**N**	**O**	**P**	**Q**	**R**
——	—•	———	•——•	——•—	•—•
S	**T**	**U**	**V**	**W**	**X**
•••	—	••—	•••—	•——	—••—
Y	**Z**				
—•——	——••				

••— —•   —•• • •••   —•—• •—•• •— —• •••

• —• —• • —— •• •••   •••— •—   ••• •

•—• •— •—•• •—•• •• • •—•

•—   —• ——— ••— •••

LE GÉNÉRAL REBELLE

Effectivement, l'une des unités qui étaient du côté de l'armée de l'ouest change de camp en plein combat. Vous n'êtes plus très loin de la victoire, mais il reste encore de fortes têtes à faire tomber. Tu te retrouves bientôt face à l'un des généraux d'Ishida Mitsunari.

Observe-le attentivement et retrouve les trois pièces qui manquent à cette image pour vaincre le samouraï.

GRANDE RÉCOMPENSE

En six heures à peine, vous remportez le combat. Plus rien ne vous empêche de prendre le contrôle du pays désormais. À la fin de la bataille, Ieyasu tient à te remercier en t'offrant un très beau cadeau.

Découvre de quoi il s'agit en trouvant la réponse à cette charade.

- **Mon premier est un animal qui miaule.**
- **Mon deuxième n'est pas « tard ».**
- **Mon troisième est la première note de musique.**
- **Ma quatrième est carrée et peut être cochée.**
- **Mon cinquième est « obtenu », il est...**
- **Mon tout est l'édifice dans lequel est né Ieyasu.**

CHAPITRE 7

LE NOUVEAU SHOGUN

UNE NOUVELLE ÈRE

En 1603, l'empereur donne le titre de shogun à Ieyasu. Il est désormais l'homme le plus puissant du pays, qui est totalement réunifié. C'est enfin la paix entre tous les clans, et c'est aussi le début d'une nouvelle ère.

Trouve la seule bonne réponse à chacune de ces questions, puis transforme les chiffres obtenus en lettres, grâce au tableau de correspondances. Tu verras alors apparaître le nom de cette nouvelle époque de l'histoire du Japon.

A. À quelle époque sont apparus les samouraïs au Japon, selon toi ?

1. **Temps modernes**
2. **Préhistoire**
3. **Époque contemporaine**
4. **Antiquité**
5. **Moyen Âge**

B. Quel personnage de la pop culture a un couvre-chef inspiré de celui des samouraïs ?

1. **Mario**
2. **Batman**
3. **Donald Duck**
4. **Dark Vador**
5. **Iron Man**

C. À quoi servait le *mempo*, un masque souvent à l'effigie d'un démon, porté par les samouraïs ?

1. À se protéger et à effrayer l'ennemi
2. À faire fuir les mauvais esprits
3. À masquer son identité
4. À obtenir le ou les pouvoirs du démon en question
5. À masquer ses émotions

D. Lequel de ces préceptes n'apparaît pas dans le bushido, le guide de vie du samouraï ?

1. Courage
2. Honneur
3. Politesse
4. Loyauté
5. Générosité

1	2	3	4	5	6	7	8	9
A	B	C	D	E	F	G	H	I
10	11	12	13	14	15	16	17	18
J	K	L	M	N	O	P	Q	R
19	20	21	22	23	24	25	26	
S	T	U	V	W	X	Y	Z	

A B C D

Chiffres : _ _ _ _

Lettres : _ _ _

BAS LES MASQUES !

Ieyasu ne fait pas l'unanimité dans le pays. Vous entendez déjà parler de rébellion de la part de certains daimyos et de rônins, des samouraïs qui n'ont plus de maître et donc plus d'emploi.

Aide le shogun à repérer tous ses ennemis dans cette grille. Pour cela, aide-toi des chiffres : chacun indique le nombre d'ennemis présents parmi les cases vides qui l'entourent. Les cases contenant un chiffre ne peuvent pas contenir d'ennemi.

1	2		2	
	2			
		1		1
		1	2	
	1	1	2	

L'HÉRITIER

En 1605, Ieyasu et toi êtes déjà âgés de 62 ans. Ieyasu estime qu'il est temps de passer le flambeau à son fils, Hidetada, qui devient le deuxième shogun du clan Tokugawa. Il régnera durant 18 ans.

Redonne toute sa noblesse au deuxième shogun en le coloriant comme tu le souhaites.

LE GRAND RASSEMBLEMENT

Bien que le fils d'Ieyasu ait le titre de shogun, c'est encore son père qui prend la plupart des décisions. En 1614, le fils d'Hideyoshi, qu'Ieyasu s'était engagé à protéger jusqu'à ce qu'il puisse gouverner, est devenu adulte, et c'est loin d'être un idiot. Il a reconstruit le château d'Osaka, connu pour être imprenable, et il a commencé à y faire venir des ennemis d'Ieyasu. Ce dernier te demande de réunir vos propres soldats.

À l'aide du tableau, déchiffre le message codé de votre allié, le daimyo Date Masamune, en sachant que L signifie « ligne » et R signifie « rang ».

L2R1 L1R5 L3R1 L3R3 L1R9 L3R1

_ _

L1R1 L3R4 L1R5 L1R3 L3R4 L2R6 L3R3 L3R1

_ _

L2R5 L2R6 L3R3 L3R1 L2R7 L1R1 L2R9 L3R2 L2R6 L2R5 L3R1

_ _

L2R7 L2R6 L3R3 L2R9 L2R6 L3R1 L1R1 L2R2 L1R1

_ _

	1	2	3	4	5	6	7	8	9
1	A	B	C	D	E	F	G	H	I
2	J	K	L	M	N	O	P	Q	R
3	S	T	U	V	W	X	Y	Z	

LE MEILLEUR CHEMIN

La route jusqu'à Osaka va être longue : plusieurs jours de cheval. Mais Ieyasu t'avoue pendant le trajet que c'est ce qu'il préfère dans la vie : partir ainsi à cheval durant plusieurs jours.

Pour que ton maître en profite au maximum, emprunte un long chemin qui ne passe que par le mot « OSAKA ». Le début du chemin a déjà été tracé pour t'aider.

O	S	A	O	K	A	A	O	K	A	S	K	A
K	O	K	S	O	K	S	K	A	S	A	A	O
A	O	A	A	A	K	A	O	A	K	O	S	K
K	S	K	K	S	S	A	S	O	A	A	K	A
A	A	K	A	O	K	A	A	S	K	S	O	A
O	S	O	S	A	O	S	K	A	S	O	K	S
A	K	A	K	K	A	O	A	S	A	A	A	O
O	A	K	S	O	A	K	O	S	A	K	A	S

LE CHÂTEAU D'OSAKA

À votre arrivée devant la forteresse, vous devez vous rendre à l'évidence : ça ne va pas être facile. Elle est entièrement entourée de douves, et un puissant daimyo protège le seul point en hauteur qui pourrait vous permettre d'observer vos adversaires.

Recompose ce puzzle pour avoir une vue d'ensemble sur le château et obtenir le nom de votre principal ennemi.

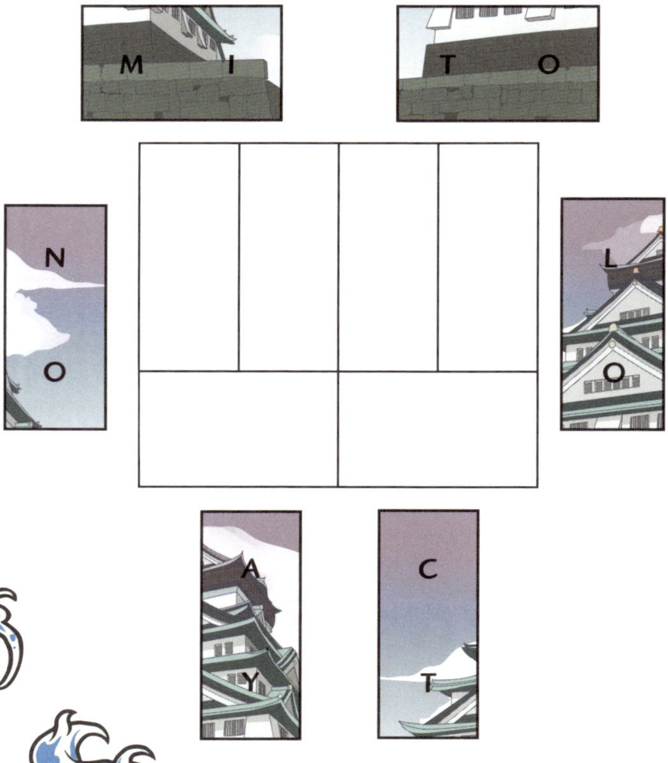

BOUM !

Ieyasu a tout de même une stratégie. Quelques mois plus tôt, il avait confisqué des canons de navires allemands et hollandais. C'est le moment idéal pour les utiliser ! Il te demande de calculer les différentes trajectoires en tenant compte de la distance et de la hauteur.

Reforme des trios de carrés en sachant que l'addition de deux carrés jaunes (un pour la distance et un pour la hauteur) est égale à un carré vert. Tous les carrés doivent être utilisés.

11	9	47
15	12	1
4	4	32
8	3	20

LE GARDIEN

La petite colline qui offre un point de vue sur la forteresse est gardée par Sanada Yukimura, l'un des samouraïs les plus forts de votre temps. Il ne compte pas se laisser faire.

Observe cet homme dans ses moindres détails pour trouver son point faible. Pour cela, repère le seul détail qui ne lui correspond pas parfaitement.

L'APPEL AUX ARMES

Bien que vos hommes ne réussissent pas à vaincre Sanada Yukimura, vos coups de canon incessants finissent par effrayer vos adversaires, qui veulent désormais négocier. Mais quelques mois plus tard, ils lancent une attaque désespérée contre votre armée. Il est temps de prendre les armes !

Trouve les six noms d'armes qui sont cachés dans cette grille.

D	U	T	V	A	R	C	A	R
T	U	K	Ç	G	E	F	E	H
G	T	A	Z	X	T	J	H	Y
É	L	T	S	B	Y	R	C	A
D	U	A	E	A	H	S	A	D
V	P	N	N	I	B	C	H	U
È	O	A	Z	C	C	R	N	O
H	E	Y	Q	C	E	T	E	N
E	S	U	B	E	U	Q	R	A

CHAPITRE 8

LA FIN D'IEYASU

EN ROUTE VERS EDO

Alors que vous êtes à deux doigts d'entrer dans la forteresse d'Osaka, le fils d'Hideyoshi se fait « seppuku » pour garder son honneur. Il ne reste désormais plus aucun héritier du clan Toyotomi et Ieyasu n'a plus aucune raison de perdre le pouvoir.

Traverse ce labyrinthe pour rejoindre la capitale, Edo, où vous allez fêter votre victoire.

CONTESTATIONS

C'est ainsi que le Japon s'est retrouvé entièrement réunifié et qu'il l'est resté jusqu'à nos jours. Mais certains estiment que ton maître n'y est pas pour beaucoup. Un jour, tu entends même une drôle de phrase dans une rue d'Edo, la capitale.

Décode les mots qui ont été remplacés par des flèches pour comprendre la phrase en entier.

Nobunaga Oda a ↓←‹↓∧←‹ ︾∧ ↓∧⇘‹ des gâteaux

- -

de riz. Hideyoshi Toyotomi en a fait ∨‹⇑ ›→⇙︾‹⇘⇘‹⇑,

- -

et Ieyasu Tokugawa ⇑,‹⇑⇘ ∧⇑⇑»⇑ ↓→⇙←

- -

︾‹⇑ «∧↑︽‹←.

- - - - - - - - - - - - - - - - - -

L'ASSEMBLÉE DES DAIMYOS

Ieyasu aurait pu se reposer sur ses lauriers et profiter simplement de ses derniers jours, mais il a préféré assurer le pouvoir à sa descendance. Pour cela, il a créé une série de lois. En 1615, il fait venir les principaux daimyos au château de Fushimi pour les leur lire.

Installe tous les daimyos dans la pièce en dessinant un tabouret au-dessus, en dessous ou à côté de chacun. Les chiffres en haut et à gauche de la grille indiquent le nombre de tabourets présents sur chaque ligne et chaque colonne. Attention, deux sièges ne peuvent jamais se toucher, même pas en diagonale. À la fin, il doit y avoir autant de tabourets que de daimyos.

	2	1	0	2	0	2
1						
1						
1						
1						
2						
1						

LES NOUVELLES LOIS

La plupart des lois d'Ieyasu ont pour but de donner moins de pouvoirs aux daimyos et plus au shogunat. C'est à la fois une manière pour les Tokugawa de gagner en puissance, mais c'est aussi un moyen d'assurer la paix, pour que les clans cessent de se battre les uns contre les autres.

Complète chaque grille avec la lettre qui lui manque, puis mets-les toutes dans l'ordre pour écrire le début du nom de ces différentes lois.

1

A		H		N
	R	I	A	
V	I		R	E
	U	O	R	
R		U		E

2

B		F		D
	O	A	R	
H	E		R	E
	O	N	L	
S		E		E

3

C		J		R
	A	O	E	
F	A		I	R
	O	E	E	
P		R		S

4

F		V		R
	R	I	U	
S	C		A	U
	D	I	I	
O		L		N

1	2	3	4	
				SHOHATTO

COMPTER SES TERRES

Ieyasu a exilé les clans qui n'avaient pas été ses alliés durant la guerre de Sekigahara. Il a aussi récupéré beaucoup de terres des anciens daimyos, pour le compte du shogun.

Récupère les terres des daimyos en coloriant logiquement cette grille grâce aux chiffres. Chacun indique le nombre de cases à colorier autour de lui, sa propre case comprise. Par exemple, pour un 9, il faut tout colorier, tandis que pour un 8, il faut laisser une case blanche. Commence par le 0 et les 9, puis continue en faisant preuve de logique. La barre oblique précise que cette case doit rester blanche

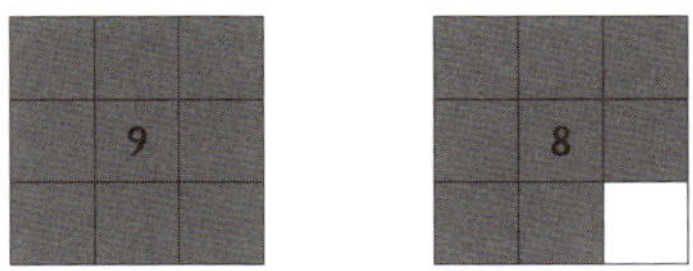

			2	2	3		1
	9	6		2		4	/
4		6		4	5	6	4
2			6			7	
2	5			8	8		6
	7					6	
5		9		7			2
3			6			0	

NOUVELLE SOCIÉTÉ

Ieyasu crée aussi une importante séparation entre les classes sociales. Les samouraïs sont élevés au rang le plus haut de la société, tandis que les paysans et les marchands se retrouvent en dessous, avec moins de droits.

Fais respecter la loi d'Ieyasu en séparant ces personnages en deux classes. Pour cela, coupe cette image en deux de sorte que chaque personnage n'apparaisse qu'une fois de chaque côté de ton trait.

LE BON MISSIONNAIRE

Depuis qu'il est au pouvoir, ton maître a suivi l'exemple d'Hideyoshi Toyotomi et a continué d'interdire le christianisme. Il expulsera les missionnaires qui étaient venus au Japon dans l'idée de convertir les Japonais à cette religion. Ieyasu te demande de vérifier qu'ils ont tous bien quitté le pays.

Observe attentivement ce missionnaire jésuite et repère la seule ombre qui lui correspond parfaitement.

A

B

C

LE PRIVILÈGE DES ARMES

Bien que des daimyos aient perdu des terres, ils n'en restent pas moins des membres de la classe supérieure. Ainsi, la paix est revenue, ils ont un salaire conséquent et de nombreux avantages. Ils sont notamment les seuls Japonais autorisés à porter une arme.

Reforme les paires katana-wakizashi (petit katana) pour que chaque samouraï soit armé.

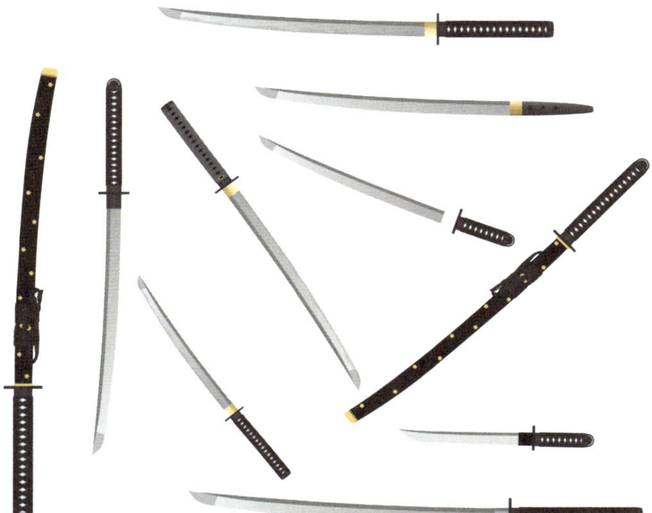

DERNIERS INSTANTS

En 1616, un an seulement après avoir vaincu le dernier héritier d'Hideyoshi, Ieyasu tombe gravement malade. Il te demande de venir à son chevet.

Décode ce que ton maître a à te dire en remettant les lettres de chaque mot dans l'ordre pour former une phrase.

UT USARA TÉÉ

NOM USPL FDEILÈ LAILÉ

COMPAGNONS POUR TOUJOURS

Tu remercies ton maître, toi aussi. Il a toujours bien voulu de toi à ses côtés et tu es fier d'avoir été au service de son clan durant toutes ces années. Tu es désormais vieux et fatigué, mais tu lui promets de veiller sur son fils, qui prendra sa suite. Rassuré par tes paroles, Ieyasu s'endort paisiblement pour ne plus jamais se réveiller.

Tu dois désormais annoncer la mort de ton maître à sa famille. À toi de trouver les bons mots, en les remettant dans l'ordre pour former une phrase.

Longue

Tokugawa !

éteint.

shogun,

s'est

vie

Hidetada

au deuxième

Ieyasu Tokugawa

LE GRAND SHOGUN

Le fils d'Ieyasu lui rend hommage durant plusieurs jours, puis il prend totalement le pouvoir à sa suite. Il est apprécié et respecté, tu n'es pas inquiet pour lui. Peu après la mort de son père, Hidetada te fait appeler. Il porte fièrement les vêtements de shogun.

Pour montrer tout ton respect, entraîne-toi à dessiner Hidetada Tokugawa en t'aidant de la grille.

LA LONGUE PAIX

Le shogun te remercie pour tes services ; il estime que tu peux désormais te reposer et rester auprès de ta famille. Tu as plus de soixante ans, et ta retraite est bien méritée. De plus, le temps n'est plus aux combats, mais à la paix. Et cette paix sera en place pour de nombreuses années encore, sous la coupe du clan Tokugawa.

Devine combien de temps il régnera encore sur le Japon en complétant cette pyramide de nombres.

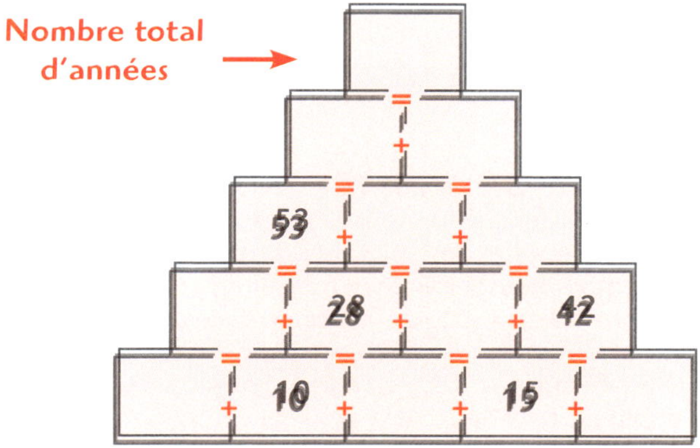

ÉPILOGUE

Ieyasu Tokugawa a été le premier shogun d'une longue lignée. Son fils Hidetada régnera jusqu'à sa mort, en 1632. Durant son règne, il renforcera encore un peu plus le pouvoir du shogun et développera la ville d'Edo. Plus tard, le troisième shogun, son fils Iemitsu, mettra en place de nouvelles lois qui fermeront presque totalement les frontières du Japon au reste du monde.

Parmi les Occidentaux, seul un navire hollandais aura le droit de commercer avec le pays, une seule fois par an.

Cette période, qui durera de 1633 à 1853, prendra fin lorsque des Américains viendront au Japon pour forcer le shogun à ouvrir ses routes commerciales.

L'ouverture au reste du monde, en 1853, aura de lourdes conséquences sur les samouraïs. Les Américains aideront l'empereur à reprendre les pleins pouvoirs sur le Japon. S'ensuivront de nombreuses lois pour interdire peu à peu tous les avantages encore détenus par les samouraïs. Ils seront rapidement ruinés et vivront pour la plupart comme de simples roturiers. Heureusement, l'empereur fera en sorte que leurs traditions ne soient pas oubliées.

Bravo à toi : tu as terminé cette aventure en aidant ton maître, Ieyasu Tokugawa, à réunifier et à gouverner le Japon tout entier.

TU ES UN GRAND SAMOURAÏ !

SOLUTIONS

PAGE 8

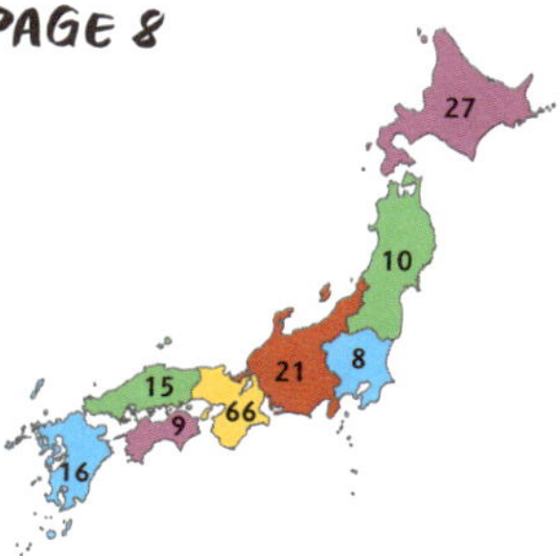

PAGE 9

Il y a **39 pierres blanches** et **40 pierres noires** ; c'est donc à **Takechiyo** de jouer.

PAGE 10

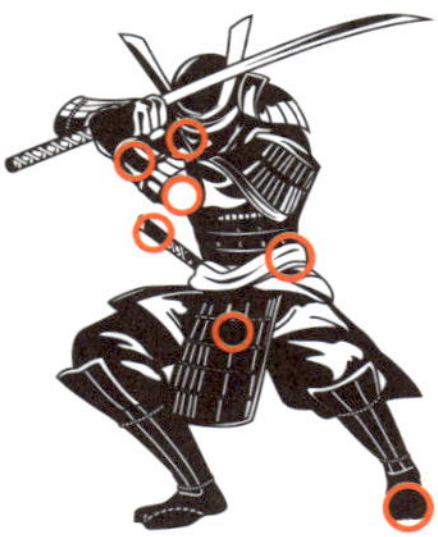

PAGE 11

PAGE 12

Bushido, qui signifie « la voie du guerrier », c'est le code moral du samouraï.

PAGE 13

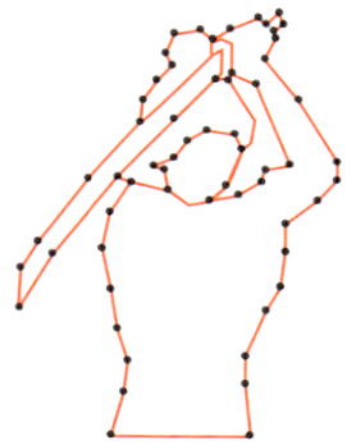

PAGE 14

D	E	A	N	O	K
O	K	N	D	A	E
A	D	K	O	E	N
N	O	E	A	K	D
K	A	D	E	N	O
E	N	O	K	D	A

Il s'agit du **kendo**, ce qui signifie « la voie du sabre ». C'est le fait de manier le katana.

PAGE 15

J E V A I S Ê T R E P R I S E N O T A G E

« Je vais être pris en otage. »

PAGE 16

« C'est une façon pour lui de s'assurer que nous respectons ses ordres. **Mais il veillera à ce que vous continuiez votre** formation de samouraïs et à ce que vous ne manquiez de rien. »

PAGE 17

Ton père t'a offert un casque de samouraï.

PAGE 18

PAGE 19

« Nous venons de la part du daimyo Nobuhide Oda. Vous êtes désormais nos otages. »

PAGE 20

365				
180	185			
83	97	88		
39	44	53	35	
17	22	22	31	4

Vous allez rester 365 jours, soit une année entière, dans le château du clan Oda.

PAGE 21

Seul le détail D n'appartient pas à l'image.

PAGE 24

« Il s'agit d'Oda Nobunaga. »

PAGE 25

PAGE 26

É	F	R	A	C	C	A	R	Y	C	N	O	L	B	D	S
T	Ê	E	C	B	H	O	O	P	O	B	B	O	E	I	Q
I	M	C	C	V	O	M	U	Y	M	O	I	Y	S	G	Z
C	I	O	E	T	N	A	I	R	P	C	E	A	S	N	R
I	N	N	P	Z	N	Î	Ê	V	A	A	N	U	E	I	Y
L	I	N	T	Z	Ê	T	J	I	S	G	V	T	T	T	I
P	M	A	A	L	T	R	U	I	S	M	E	É	I	É	B
M	A	I	T	O	E	I	S	C	I	Z	I	R	L	J	O
I	L	S	I	P	T	S	T	M	O	C	L	I	O	O	P
S	I	S	O	W	É	E	I	C	N	Y	L	N	P	I	É
Y	S	A	N	A	Y	R	C	E	M	L	A	C	E	X	V
V	M	N	V	I	P	N	E	H	O	N	N	E	U	R	R
R	E	C	Z	A	P	T	Q	U	A	N	C	O	È	Y	U
V	Q	E	I	O	B	F	C	E	C	N	E	I	T	A	P

PAGE 27

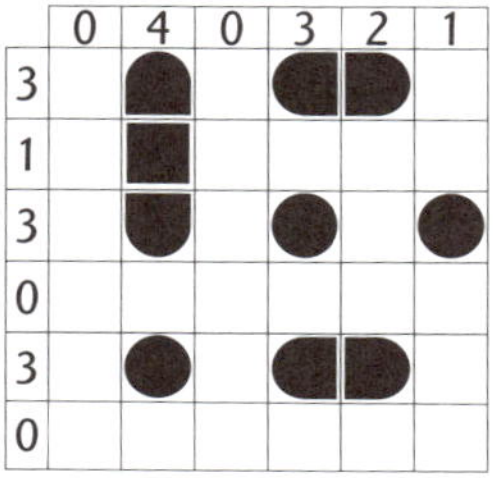

PAGE 28

« Le clan Oda veut faire une alliance avec vous. »

PAGE 29

Y	O	S	H	I
M	O	T	O	E
S	T	T	U	É
D	A	N	S	U
N	E	B	A	T
A	I	L	L	E

« Yoshimoto est tué dans une bataille. »

PAGE 30

Aller chez Oda

1	0	1	0	1	0
1	0	1	0	0	1
0	1	0	1	1	0
0	0	1	1	0	1
1	1	0	0	1	0
0	1	0	1	0	1

PAGE 31

« Nous allons capturer des membres du clan Imagawa, puis nous proposerons à leur chef de les libérer, à la condition qu'il me rende ma femme et mon fils. »

PAGE 34

10	5	6
3	7	11
8	9	4

Vous mettrez encore 9 ans avant de récupérer tout le territoire du clan Imagawa.

PAGE 35

Votre clan s'appellera désormais Tokugawa.

PAGE 37

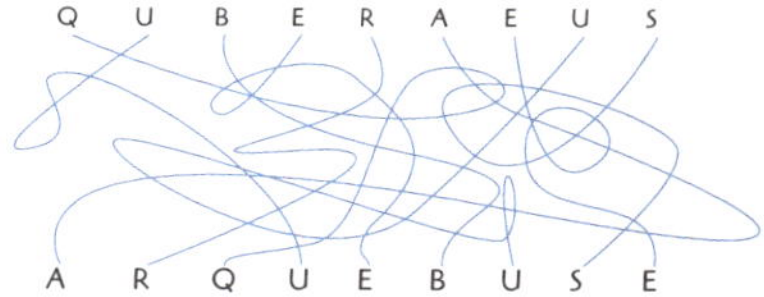

Ce fusil s'appelle une arquebuse.

PAGES 38-39

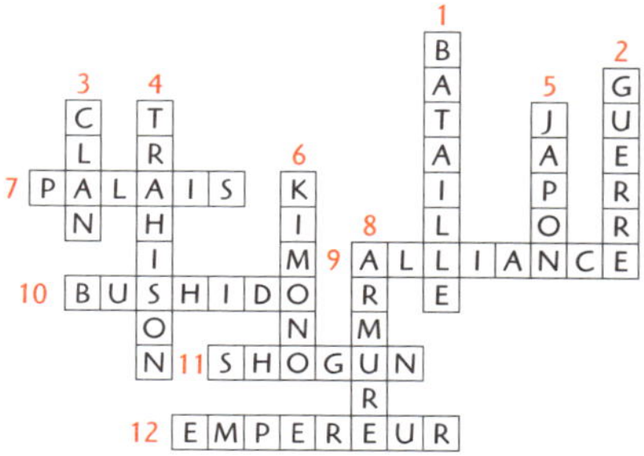

PAGE 40

Pour deviner la valeur de chaque illustration, il faut d'abord s'intéresser aux lignes 2, 3 et 4.

Ligne 2 : une théière vaut au moins 5 puisque 2 tasses = 4 + au moins 1 pour la cuillère.

Ligne 3 : si la cuillère a une valeur de 1, alors le bol a une valeur de 3.

Ligne 4 : 3 = 2 + 1. C'est correct, donc la cuillère fait bien 1.

Ligne 5 : on peut vérifier toutes les valeurs. 5 – 3 = 2.

Ligne 6 : 5 + 3 + 2 + 1 = 11

Donc **11 groupes** sont contre Nobunaga.

PAGE 41

PAGE 42

Ce général s'appelle **Shibata Katsuie**.

PAGE 43

Il s'agit de la bataille de **Mikata-Ga-Hara**.

MIKATA
GAHARA

PAGES 46-47

DÉFAITE. La bataille de Mikata-Ga-Hara s'est soldée par une défaite de votre clan, mais au moins, vous êtes encore en vie.

PAGE 48

Il s'agit du shogun, **Ashikaga Yoshiaki**.

PAGE 49

24 x 2 = 48 ; 320 ÷ 4 = **80** ; 79 + 57 = **136** ; 29 x 4 = **116** ; 48 + 80 + 136 + 116 = **380** et 380 x 100 = **38 000**.

Avec les hommes du clan Oda, vous serez **38 000** !

PAGE 50

PAGE 51

Les soldats auront besoin de **marteaux**, de **clous** et de **haches**.

PAGE 52

A = 1 (il fallait retirer 11 à chaque fois) ;
B = 4 (il fallait ajouter 2 à chaque fois) ;
C = 2 (il fallait ajouter 9 à chaque fois).

1 + 4 + 2 = 7.

Votre guerre de clans durera encore **7 ans**.

PAGE 53

Il fallait placer les lignes rouges sous les noires.

NOBUNAGA M'A DIT QUE MA FEMME

AVAIT COMPLOTÉ CONTRE MOI

AVEC LE CLAN TAKEDA.

PAGE 54

Le bon dé est le **B**.

PAGE 55

R E M E R C I E M E N T S

PAGE 56

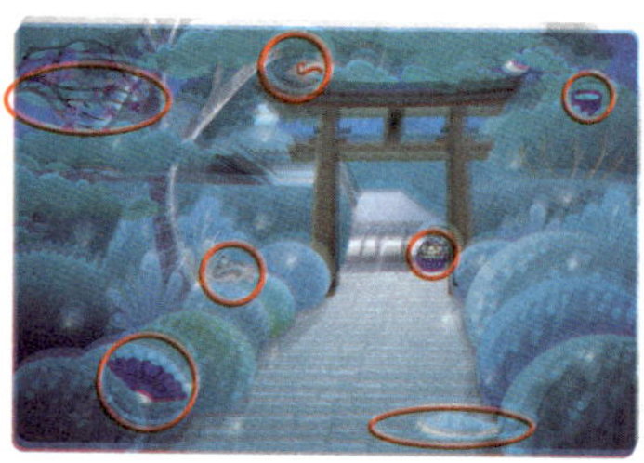

Nobunaga s'est fait « **seppuku** », c'est-à-dire qu'il s'est donné la mort avec son petit sabre pour mourir dans l'honneur.

PAGE 57

C'est **Hideyoshi** qui a vengé Nobunaga.

PAGE 58

ARMES	NB DE SAMOURAÏS	LIEUX	COMBATS
arquebuse	200	rivière	troisième
katana	400	plaine	deuxième
hache	100	château	premier
lance	300	bois	quatrième

		100	200	300	400	bois	rivière	plaine	château	premier	deuxième	troisième	quatrième
ARMES	arquebuse	X	O	X	X	X	O	X	X	X	X	O	X
	katana	X	X	X	O	X	X	O	X	X	O	X	X
	hache	O	X	X	X	X	X	X	O	O	X	X	X
	lance	X	X	O	X	O	X	X	X	X	X	X	O
COMBATS	premier	O	X	X	X	X	X	X	O				
	deuxième	X	X	X	O	X	X	O	X				
	troisième	X	O	X	X	X	O	X	X				
	quatrième	X	X	O	X	O	X	X	X				
LIEUX	bois	X	X	O	X								
	rivière	X	O	X	X								
	plaine	X	X	X	O								
	château	O	X	X	X								

PAGE 62

PAGE 63

« Nous vous laissons le contrôle des provinces Kai et Shinano, si nous gardons le pouvoir sur la province de Kazusa. »

PAGE 64

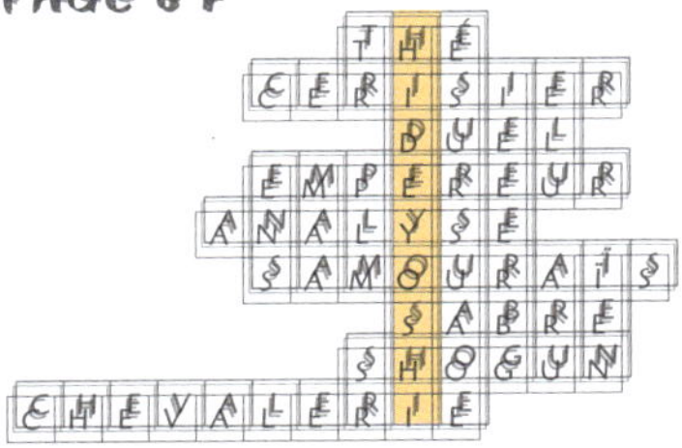

C'est Hideyoshi qui remporte la guerre.

PAGE 65

1. Vrai ; 2. Vrai ; 3. Faux, il y en a deux : l'empereur et le shogun ; 4. Faux, ils en portent deux ; 5. Vrai.

C'est Hideyoshi qui remporte la bataille.

PAGES 66-67

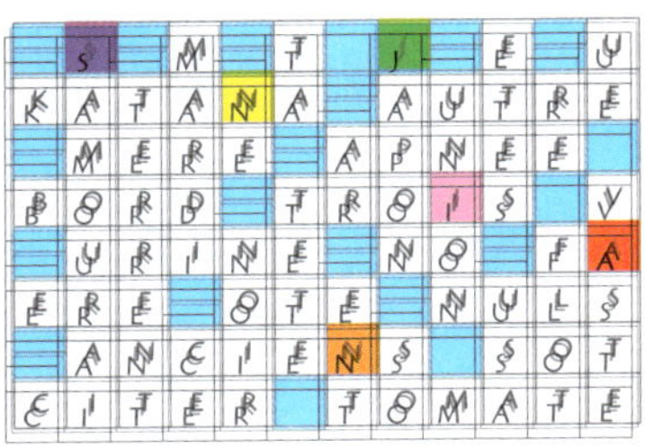

Hideyoshi fait appel à des ninjas pour remporter ses combats.

PAGE 68

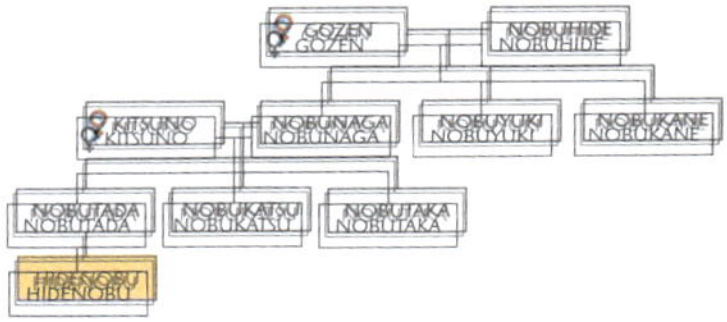

Le successeur de Nobunaga est son petit-fils, Hidenobu.

PAGE 69

PAGE 70

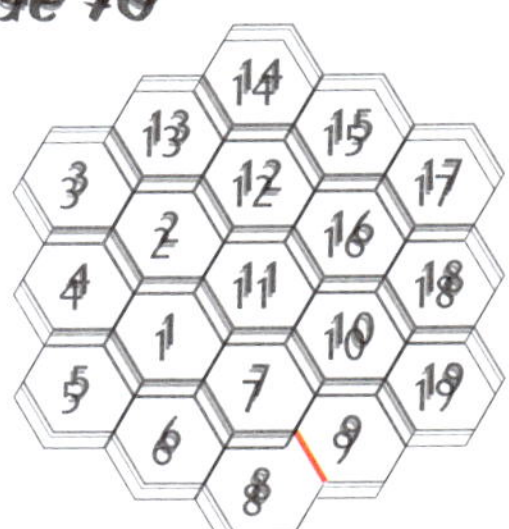

PAGE 71

Je suis la **Chine**. Hideyoshi aimerait envahir ce pays.

PAGE 72

9	6	2	8	3	7	1	4	5
3	7	4	1	5	6	2	9	8
1	8	5	9	4	2	6	7	3
5	3	1	4	9	8	7	6	2
6	4	9	7	2	5	3	8	1
8	2	7	3	6	1	4	5	9
4	9	6	2	8	3	5	1	7
2	1	8	5	7	4	9	3	6
7	5	3	6	1	9	8	2	4

Hideyoshi a fait tuer **26** chrétiens.

PAGE 73

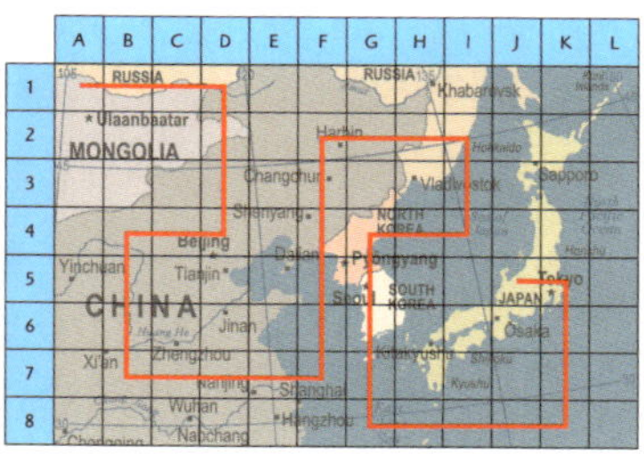

L'armée d'Hideyoshi est revenue en **J5**, au Japon, après une défaite contre l'armée coréenne.

PAGE 75

« Promettez-moi de prendre soin de mon fils, Hideyori. » (pro-mai-thé-mois-2-prendre-sss-oin-2-mont-fils-idée-yo-riz)

PAGE 78

Ligne 1 : dans le sens des aiguilles d'une montre. **Ligne 2 :** dans le sens inverse des aiguilles d'une montre. **Ligne 3 :** dans le sens inverse des aiguilles d'une montre.

PAGE 79

PAGE 80

1	0	1	1	0	0
0	1	0	0	1	1
1	0	1	0	1	0
1	0	0	1	0	1
0	1	1	0	0	1
0	1	0	1	1	0

La bataille a lieu en **1600**.

PAGE 81

Tadaoki

PAGES 82-83

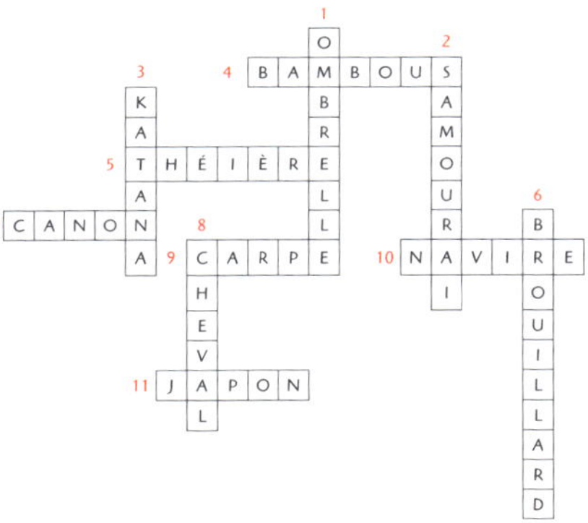

PAGE 84

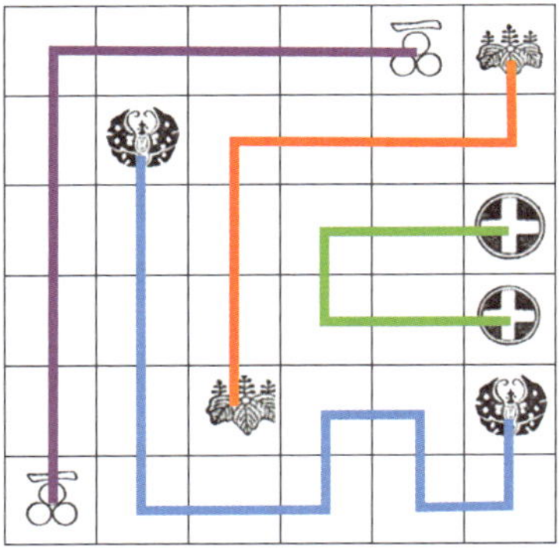

PAGE 85

« Un des clans ennemis va se rallier à nous. »

PAGE 86

PAGE 87

Ieyasu t'offre le château d'Okazaki (chat-tôt-do-case-acquis).

PAGES 90-91

A-5 ; B-4 ; C-1 ; D-5.

5 = E, 4 = D et 15 = O.

Il s'agit de l'ère Edo.

PAGE 92

1	2	●	2	●
●	2			
		1		1
	●	1	2	●
	1	1	2	●

PAGE 94

« Je suis avec vous. Nous partons pour Osaka. »

PAGE 95

O	S	A	O	K	A	A	O	K	A	S	K	A
K	O	K	S	O	K	S	K	A	S	A	A	O
A	O	A	A	A	K	A	O	A	K	O	S	K
K	S	K	K	S	S	A	S	O	A	A	K	A
A	A	K	A	O	K	A	A	S	K	S	O	A
O	S	O	S	A	O	S	K	A	S	O	K	S
A	K	A	K	K	A	O	A	S	A	A	A	O
O	A	K	S	O	A	K	O	S	A	K	A	S

PAGE 96

« Clan Toyotomi »

PAGE 97

4 + 8 = 12

15 + 32 = 47

9 + 11 = 20

3 + 1 = 4

PAGE 98

Le détail E est différent.

PAGE 99

D	U	T	V	A	R	C	A	R
T	U	K	Ç	G	E	F	E	H
G	T	A	Z	X	T	J	H	Y
É	L	T	S	B	Y	R	C	A
D	U	A	E	A	H	S	A	D
V	P	N	N	I	B	C	H	U
È	O	A	Z	C	C	R	N	O
H	E	Y	Q	C	E	T	E	N
E	S	U	B	E	U	Q	R	A

PAGE 102

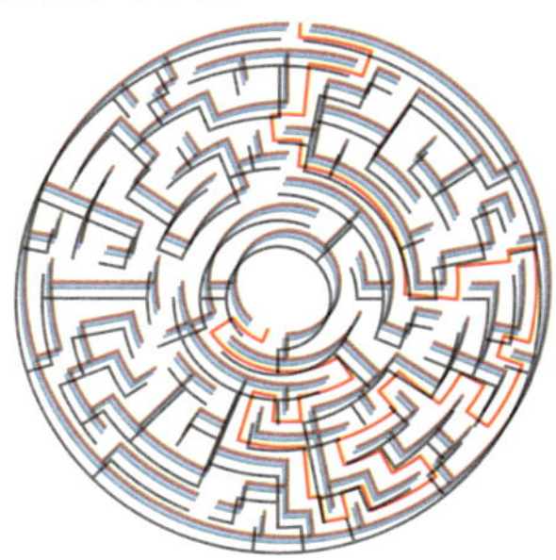

PAGE 103

« Nobunaga Oda a **préparé la pâte** des gâteaux de riz. Hideyoshi Toyotomi en a fait **des boulettes**, et Ieyasu Tokugawa **s'est assis pour les manger.** »

PAGE 104

PAGE 105

Ces lois s'appellent les **buke** shohatto.

PAGE 106

			2		3		1
	9	6		2		4	
4		6		4	5	6	4
			6			7	
2	5			8	8		6
	7					6	
5		9		7			2
3			6			0	

PAGE 107

PAGE 108

L'ombre **B** est la seule à correspondre au modèle.

PAGE 109

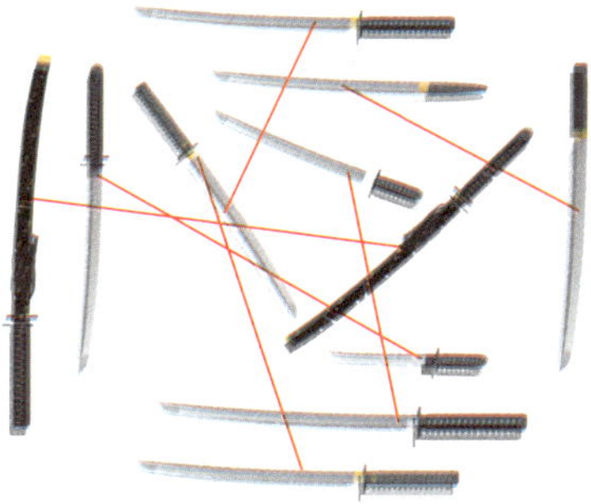

PAGE 110

« Tu auras été mon plus fidèle allié. »

PAGE 111

« Ieyasu Tokugawa s'est éteint. Longue vie au deuxième shogun, Hidetada Tokugawa ! »

PAGE 113

250				
114	136			
53	61	75		
25	28	33	42	
15	10	18	15	27

Le clan Tokugawa régnera **250 ans** sur le Japon.

Achevé d'imprimer en Espagne par GRAFO
Dépôt légal : janvier 2023 - 33514/01
N° projet : 11051636 - janvier 2023

PAPIER À BASE DE FIBRES CERTIFIÉES

LAROUSSE s'engage pour l'environnement en réduisant l'empreinte carbone de ses livres. Celle de cet exemplaire est de : 450 g éq. CO_2
Rendez-vous sur www.larousse-durable.fr